W0330822

Johannes Galli

Die Galli Methode® als Konfliktlösung

Galli

Das vollständige Verlagsprogramm des Galli Verlags können Sie im Internet unter www.galli.de nachlesen.

ISBN 3-934861-50-4
1. Auflage 2002
Alle Rechte vorbehalten!

Galli Verlag
Kreuzstr. 2
65346 Eltville
Tel 06123/703270
Fax 06123/703271
eMail: verlag@galli.de

Umschlaggestaltung: Dr. Tatjana Maya
Coverfoto: Georg Nemec
© Galli Verlag

Inhalt

Vorwort des Autors S. 5

Einleitung S. 7

Die Galli Methode ist ein Universalschlüssel, der außer Mut, sich selbst im Spiel darzustellen, nichts fordert

Die sieben Phasen der Galli Methode® S. 13

Die Galli Methode so einfach, daß sie nichts braucht außer Vertrauen und Mut und natürlich den unbedingten Entschluß, das Problem oder den Konflikt, der gelöst werden soll, auch wirklich lösen zu wollen

Fallbeispiele S. 41

Entlang der sieben Phasen der Galli Methode als Konfliktlösung werden im Folgenden Begebenheiten geschildert, wie sie in Workshops oder Trainings vorkommen

Der Galli Verlag S. 133

"GAME - Die Galli Methode®" als didaktische Grundlage sowie weitere Produkte des Galli Verlages als Lehr- und Lernmaterial

Johannes Galli S. 145

Zur Person

Vorwort des Autors.

Die Notwendigkeit, Konflikte zu lösen, liegt auf der Hand. Das Leben selbst ist eine fortwährende Herausforderung, Konflikte auf allen möglichen Ebenen zu lösen. Weigern wir uns, einen Konflikt zu lösen, dann erscheint uns eben dieser Konflikt verschlüsselt schon bald wieder auf einer anderen Ebene und drängt nun von dort aus noch heftiger ins Bewußtsein und also auf Lösung. Kurzum, je mehr wir uns weigern, um so mehr und vor allem um so schmerzhafter drängen Konflikte nach Lösung.
Jeder Konflikt wurzelt im Unterbewußtsein und hält auch dort die Lösung bereit. Es geht also darum, das eigene Unterbewußtsein zu erreichen, denn nur von dort aus kann die Lösung aufsteigen. Das Spiel, vor allem das freie Theaterspiel, ist zentraler Bestandteil der Galli Methode, weil im Spiel tiefe Schichten des Unterbewußtseins erreicht werden. Wie die Galli Methode in einem Konfliktlösungsprozeß effektiv angewandt wird, wird in dem vorliegenden Galli Script "Die Galli Methode® als Konfliktlösung" ausführlich und anschaulich vermittelt.
Da sich seit dem Jahre 2001 die Galli Methode weltweit rasant ausbreitet, wurden eine große Anzahl der hier veröffentlichten Fallbeispiele aus international durchgeführten Trainings ausgewählt.
"Die Galli Methode® als Konfliktlösung" ist dem Gesamtwerk "GAME - Die Galli Methode®" (siehe Seite 136), dort dem gleichnamigen Kapitel 3.2, entnommen und wurde für die vorliegende Ausgabe leicht überarbeitet.

Einleitung.

Die Galli Methode erweckt totgelaufene Prozesse wieder zum Leben, bricht verhärtete Strukturen auf und zeigt bei scheinbar unlösbaren Konflikten die überraschende Alternative auf.
Ob bei einem interkulturellen Training Vertreter verschiedener Kulturen einem gegenseitigen Verstehen und Akzeptieren zugeführt werden oder ob entglittene Kommunikationsprozesse wieder in ihren natürlichen Fluß gebracht werden, oder ob zur Klärung von Strategien ungeahnte Kreativitätspotentiale aktiviert werden, immer weist die Galli Methode die richtige Richtung, indem sie auffordert: Spiele, was dich bedrängt, und erlebe es auf diese Art und Weise ganz bewußt!
Etwas kürzer, einfacher, einprägsamer und auf amerikanisch heißt das: "Act it out!" Erst wenn ein Konflikt oder ein Problem ganzheitlich, also mit dem Körper und all seinen Sinnen erfaßt und gespielt wird, kann die wirkliche Lösung spontan in Erscheinung treten.
Es muß kaum noch darauf verwiesen werden, daß die Galli Methode sich auch hervorragend dafür eignet, Heilungsprozesse in Gang zu bringen oder im pädagogischen Bereich wirkliches Lehren und Lernen ermöglicht. Die Galli Methode ist ein Universalschlüssel, der außer Mut, sich selbst im Spiel darzustellen, nichts fordert.
So kann Transformation geschehen: Im Spiel, fernab von allen Zwängen des wirklichen Lebens. Der Spieler wird von seiner Verantwortungslast befreit und dadurch so leicht und beweglich, daß

Die Galli Methode erweckt totgelaufene Prozesse wieder zum Leben, bricht verhärtete Strukturen auf und zeigt bei scheinbar unlösbaren Konflikten die überraschende Alternative auf

Die Galli Methode ist ein Universalschlüssel, der außer Mut, sich selbst im Spiel darzustellen, nichts fordert

Der Spieler wandelt sich von einer Person zu einer Persönlichkeit und gewinnt dadurch mehr Lebendigkeit, mehr Authentizität und mehr Erfolg auf allen Ebenen, wo er Wachstum anstrebt

sich ihm die Lösung all seiner Konflikte locker und unbeschwert offenbaren kann. So wandelt er sich von einer Person zu einer Persönlichkeit und gewinnt dadurch mehr Lebendigkeit, mehr Authentizität und mehr Erfolg auf allen Ebenen, wo er Wachstum anstrebt. Die Galli Methode bringt also Leben in alle Prozesse, mit denen sie in Berührung gebracht wird.

Wie macht sie das? Die Galli Methode setzt dort ein, wo intellektuelle Strategien nicht mehr greifen. Das Schlüsselwort heißt: "Spielen".

Wenn Probleme, Konflikte oder einfach nur ein Prozeß, der hinterfragt werden soll, von den Beteiligten selbst in Form einer kleinen Theaterszene gespielt wird, dann ist Lösung spontan möglich, denn die engen Grenzen des Intellekts werden im Spiel gesprengt.

Das Spiel zwingt den Spieler genau zu jener Distanz, die nötig ist, damit die Lösung ihn erreichen kann. Sich selbst zu spielen heißt, eine selbstgemachte Erfahrung aus der verwirrenden Fülle des persönlichen Erfahrungsschatzes herauszulösen und sie im selben Moment zu reproduzieren. Dies ist eine enorme Bewußtseinsleistung.

Der Spieler muß einen Handlungsablauf, den er in seinem Lebensprotokoll als völlig normale Handlung abgespeichert hat, blitzschnell erfassen, in sein Bewußtsein heben, strukturieren und dann sofort nachfühlbar darstellen

Der Spieler muß einen Handlungsablauf, den er in seinem Lebensprotokoll als völlig normale Handlung abgespeichert hat, blitzschnell in seiner Einzigartigkeit erfassen, in sein Bewußtsein heben, strukturieren und dann sofort nachfühlbar darstellen. Er ist also gezwungen, sein inneres Erleben in eine für die Öffentlichkeit verständliche Darstellung zu verwandeln.

Dabei wird es ihm möglich, sich selbst von außen zu betrachten und so leistet er Außergewöhnliches: Er bricht aus seinen unbewußten Automatismen aus und in diesem Moment des Ausbrechens, indem er einen solchen Verhaltensautomatismus spielerisch-körpersprachlich darstellt, gewinnt er Klarheit über dessen Funktionsweise.

Der Spieler versetzt sich also in die Lage, sich so frei und unabhängig wie nur möglich selbst zu begegnen. Er durchbricht seine innere Erlebniswelt, indem er sich mit seinem äußeren Erscheinungsbild im Spiel konfrontiert.

Der Spieler versetzt sich in die Lage, sich so frei und unabhängig wie nur möglich selbst zu begegnen

In diesem enormen Spannungsfeld bleibt keine Zeit mehr für Verstellungen, die der Mensch normalerweise als Schutz gegenüber seiner Umwelt aufbaut. Der Spieler ist gezwungen, "pur" zu spielen, völlig unverstellt erlebt er die eigene Wahrheit und damit auch die Lösung des Konfliktes, die er tief im Inneren schon immer gewußt hat, die ihm aber aufgrund der vielen Verstellungen und Vorstellungen, die er glaubte, vornehmen zu müssen, unzugänglich geblieben ist.

Der Mensch ist bei seiner höchsten schöpferischen Leistung angelangt: Er spielt sich selbst.

Der Mensch ist bei seiner höchsten schöpferischen Leistung angelangt: Er spielt sich selbst

Bei manchen Menschen genügt ein solches Spielerlebnis, damit es ihnen wie "Schuppen von den Augen" fällt. Dies ist der Idealfall. Allerdings kommt es häufig vor, daß die Verstrickung des Spielers in den eigenen Konflikt so tief ist, daß ein einfaches Nachspielen noch keine brauchbare Klärung bringt und auch keine Lösung erscheinen läßt. In diesem Falle ist es angebracht, die Spielszene aus der allzu dichten Lebensnähe herauszuholen: Der eben möglichst wirklichkeitsnah nachgespielte Konflikt wird nun als Spielszene in einen anderen Rahmen transponiert und nochmals gespielt. Hier öffnet sich nun ein weites Feld für kreative Einfälle.

Im Folgenden werden neben der ausführlichen

Darstellung der sieben Phasen der Galli Methode auch sieben Möglichkeiten angeboten, mit denen ein Konflikt, der spontan gespielt wird, durch die Transformation in einen anderen Spielrahmen gelöst werden kann.

Die Galli Methode koppelt die Lösung eines Konfliktes an die in jedem Menschen innewohnende Lust zu spielen

Die Galli Methode, die in ihrem Kern auf die Wirkung des spontanen Spiels setzt, ist genau aus diesem Grunde so erfolgreich: Sie koppelt die Lösung eines Konfliktes an die in jedem Menschen innewohnende Lust zu spielen. Es ist gleichgültig, aus welchem Bereich des Lebens der Konflikt stammt, er wird gelöst, wenn er authentisch gespielt wird. Dies ist keine Behauptung, sondern eine Erfahrung. Ob im privaten Bereich, hier vor allem Probleme in der Partnerschaft, ob im beruflichen Bereich Konflikte vor allem in der Kommunikation, Kooperation oder im Einordnen in bestehende Hierarchien bearbeitet werden oder ob im interkulturellen Bereich, wo gerade Mißverständnisse zwischen verschiedenen Firmenkulturen oder auch zwischen Kulturen verschiedener Völker immer zu schweren Verwirrungen führen: Im Spiel läßt sich immer alles klären und lösen.

Natürlich ist der Transfer der gespielten Lösung ins "richtige Leben" unter Umständen nicht gleich ins Auge springend, aber die Galli Methode hat diese Schwierigkeit berücksichtigt und wirkungsvolle Leitlinien entwickelt

Natürlich ist der Transfer der gespielten Lösung ins "richtige Leben" unter Umständen nicht gleich ins Auge springend, aber die Galli Methode hat diese Schwierigkeit berücksichtigt und wirkungsvolle Leitlinien entwickelt.

Im Folgenden werden die sieben Phasen der Galli Methode ausführlich beschrieben. Zum einen, um die Anwendung so gut zu beschreiben, daß Leserin und Leser angeregt werden, sich das Gelesene sofort durch Erfahrung anzueignen. Zum anderen aber soll die Wirkungsweise dieser außergewöhnlichen Methode aufgezeigt werden.

Um die Wirkungsweise der Galli Methode nachvollziehbar, augenscheinlich und lebendig wiederzugeben, habe ich im Kapitel "Fallbeispiele" einundzwanzig Fallbeispiele ausführlich beschrieben. Zu jedem Transformationsspiel habe ich drei Fallbeispiele ausgewählt. Diese Fallbeispiele stammen aus meinen internationalen Workshops, Trainings und Vorträgen, die ich vor allem in den letzten drei Jahren durchgeführt habe.
Diese ausführlich entlang der sieben Phasen formulierten Fallbeispiele sind Hilfestellung und Orientierung, um sich der Galli Methode mutig anzunähern. Sowohl auf sich selbst angewandt als auch in der Hilfestellung für andere offenbart die Galli Methode immer wieder ihre wirkungsvolle Maxime: "Im Spiel ist der Mensch wirklich!"

Diese ausführlich entlang der sieben Phasen formulierten Fallbeispiele sind Hilfestellung und Orientierung, um sich der Galli Methode mutig anzunähern

Die sieben Phasen der Galli Methode®

Einleitung.

Ausgesprochen günstig für ihre Durchführung erweist sich die Tatsache, daß die Galli Methode in den Bedingungen ihrer Realisierung unerwartet bescheiden daherkommt. Gemäß dem alten Sinnspruch "Was wirken soll, muß einfach sein" oder noch kürzer, weil amerikanisch zusammengefaßt: "Make it simple!", ist die Galli Methode so einfach, daß sie nichts braucht außer Vertrauen und Mut und natürlich den unbedingten Entschluß, das Problem oder den Konflikt, der gelöst werden soll, auch wirklich lösen zu wollen.

Noch einmal: Lediglich Mut und Vertrauen sind notwendig und einige Vereinbarungen, die im Folgenden kurz erläutert werden, bevor die sieben Phasen der Galli Methode ausführlich vorgestellt werden.

Lediglich Mut und Vertrauen sind notwendig und einige Vereinbarungen, die im Folgenden kurz erläutert werden, bevor die sieben Phasen der Galli Methode ausführlich vorgestellt werden

Die erste Vereinbarung gilt dem eigens für dies Spiel hergerichteten Raum. Er wird "Bühne" und die Personen, die sie betreten, werden "Spieler" genannt.

Die zweite Vereinbarung ist, daß um oder vor die Bühne Sitzgelegenheiten gruppiert werden und daß die, die sie beanspruchen, "Zuschauer" genannt werden.

Die dritte Vereinbarung ist, daß der Trainer nicht lehrt, sondern die Rolle eines kompetenten Moderators übernimmt.

Wenn jeder gemäß seiner Rolle so offen und ehrlich wie nur möglich agiert, ist der Erfolg der Galli Methode garantiert.

Es folgen nun die sieben Phasen in einem ersten Überblick:

1. Phase: Erfassen des Konfliktes
Hier wird im gemeinsamen Gespräch der Konflikt nachvollziehbar erfaßt und verstanden.

2. Phase: Die Spielerauswahl
Motivierte Spieler und Spielerinnen werden für das kommende Spiel spontan ausgewählt.

3. Phase: Das wirklichkeitsnahe Spiel
Der Konflikt wird so realistisch wie möglich mit der notwendigen Anzahl von Spielern in einer Szene spielerisch dargestellt.

4. Phase: Das transformierende Spiel
Der Konflikt wird von den gleichen Spielern nochmals auf einer anderen Ebene gespielt.

5. Phase: Die Lösung erscheint
Bei genauer Beobachtung und vielleicht mehrmaligem Wiederholen der Spielszene wird erkannt, daß im transformierenden Spiel die Lösung erscheint.

6. Phase: Die Lösung wird wirklichkeitsnah gespielt
Noch einmal wird der Konflikt so realistisch wie möglich angespielt, gelöst und zu Ende gespielt.

7. Phase: Die Übertragung der Lösung ins Leben
Es werden Strategien entwickelt, wie die gespielte Lösung in den Alltag übertragen werden kann.

Im Folgenden werden die sieben Phasen ausführlich vorgestellt. Sie sind die Grundlage, auf der für einen Konflikt eine wirkliche und dauerhafte Lösung gefunden werden kann.

Erste Phase:
Erfassen des Konfliktes.

In der ersten Phase geht es darum, daß der Konflikt, den ein Teilnehmer vorträgt und dessen Lösung er wünscht, so genau erfaßt wird, daß er nachgespielt werden kann.

In der ersten Phase geht es darum, daß der Konflikt, den ein Teilnehmer vorträgt und dessen Lösung er wünscht, so genau erfaßt wird, daß er nachgespielt werden kann

Der Trainer nimmt hier die Rolle des "Geburtshelfers" ein.

Bei der Konflikterfassung geht es darum, den Konflikt, den der Teilnehmer als einen solchen häufig dramatisch erlebt, zuerst genau in Worte zu fassen, um ihn dann in eine Spielvorlage für das wirklichkeitsnahe Spiel zu formen.

Häufig ist es sehr zeitaufwendig, das wirkliche Problem dessen, der über seinen Konflikt spricht, herauszufinden. Der Mensch gibt nicht gerne zu, daß er ein Problem hat, das er momentan nicht lösen kann. Allzu gerne möchte er an der Illusion seiner eigenen Unfehlbarkeit festhalten, und deshalb wird der Konflikt "heruntergespielt". Der Trainer muß sehr genau zuhören, um die wirkliche Frage, das echte Problem herauszuhören und auch zu verstehen, warum der Erzähler des Konfliktes versucht, Wesentliches zu vertuschen. Bereits bei der ersten Schilderung des Konfliktes werden Tatsachen und Deutungen vermischt. Häufig wird anderen die Schuld gegeben.

Die Schwierigkeit besteht also nicht darin, spontan eine Spielszene zur Lösung des Konfliktes zu entwickeln, sondern den echten Konflikt aus all den Verschleierungen und Schuldzuweisungen an Dritte herauszuhören.

Die Schwierigkeit besteht also nicht darin, spontan eine Spielszene zur Lösung des Konfliktes zu entwickeln, sondern den echten Konflikt aus all den Verschleierungen und Schuldzuweisungen an Dritte herauszuhören

Ist es endlich gelungen, den wahren Kern des Konfliktes durch zähes Nachfragen herauszuschälen, dann kann die Spielszene entwickelt werden. Dies ist einfacher, als man vielleicht denken mag. Der Konfliktträger oder Spieler hat ja die konfliktträchtige Situation genau so beschrieben, wie sie stattgefunden hat. Nun braucht diese Situation also nur noch nachgestellt zu werden.

Gibt es ein Problem zwischen der Sekretärin und ihrem Chef?

Hat da jemand Angst vor einer Prüfung?

Will sich da jemand das Rauchen abgewöhnen?

Steht da jemand vor dem schweren Schritt einer Existenzgründung und hat Angst vor dem freien Fall?

Kommt ein alter Chef nicht klar mit der dynamischen Energie des neuen jungen Mitarbeiters?

Kommt da eine Dame im reifen Alter mit ihrem Liebesbedürfnis nicht klar?

Wir sehen also, es gibt sehr viele Möglichkeiten von Beziehungsgeflechten, die in eine Konfliktsituation münden können, und können uns leicht vorstellen, welche herrlichen Vorlagen für spannende Spielszenen solche Konflikte abgeben.

Dabei sollte der Trainer darauf achten, daß der Konflikt sich immer in einer konkreten Situation offenbart. Immer wieder gibt es im Leben Situationen, in denen so hohe Energien wirken, daß der Konflikt kulminiert. Dieser Kulminationspunkt sollte die Grundlage für die Spielszene werden.

Das ist doch die Chance: Im Leben werden spannungsreiche und konfliktschwere Situationen oft vermieden, aber hier auf der Bühne finden sie genau jenen Raum, in dem sie sich voll entfalten können

Das ist doch die Chance: Im Leben werden spannungsreiche und konfliktschwere Situationen oft vermieden, aber hier auf der Bühne finden sie genau jenen Raum, in dem sie sich voll entfalten können.

Zweite Phase:
Die Spielerauswahl.

Nachdem der Konflikt erfaßt und die Idee einer Spielszene erschienen ist, werden in der zweiten Phase die Bedingungen, die zum Spiel nötig sind, weiter vorbereitet, und das ist die Frage nach der Besetzung der Mitspieler in der Spielszene.

Wichtig ist es, daß sich Spieler finden, die sich in diesen Konflikt leicht einfühlen können, weil ihnen die Situation, die gelöst werden soll, bekannt vorkommt.

Wichtig ist es, daß sich nun Spieler finden, die sich in diesen Konflikt leicht einfühlen können, weil ihnen die Situation, die gelöst werden soll, bekannt vorkommt

Allerdings müssen wir damit rechnen, daß den meisten viele Gedanken durch den Kopf schwirren und sie so vielleicht die innere Stimme, die sie auf die Bühne ruft, nicht verstehen. So kann es geschehen, daß sich aus diesem Grund spontan keine Besetzung für die Spielszene finden läßt. Für diese Schwierigkeit gibt es nicht die eine allgemeingültige Lösung, sondern von Mal zu Mal müssen neue Lösungen entwickelt werden.

Wer spielt welche Rolle?

Im Grunde stehen zur Beantwortung dieser Frage drei Möglichkeiten zur Verfügung:

Erstens: Der Konfliktträger bestimmt selbst die Besetzung der Spielszene. Das heißt konkret, er weist in die Reihen der Zuschauer und wählt rein assoziativ die verschiedenen Mitspieler aus, die aus seinem Blickwinkel für diese Spielszene geeignet sind.

Zweitens: Spontan melden sich aus dem Publikum eine oder mehrere Personen, die unbedingt die vorgegebenen Rollen spielen wollen, da sie Lust haben, zu spielen.

Drittens: Der Trainer bestimmt die Spieler, die die Spielszene gestalten sollen. Das Wort "bestimmen" hört sich vielleicht unangenehm streng an, aber von den Teilnehmern wird dieser Vorgang oft als angenehm empfunden. Häufig sind die Angesprochenen sogar ausgesprochen dankbar, wenn sie über eine "Bestimmung" auf die Bühne gelangen, da ihnen noch genau dieser Kick gefehlt hat, um endlich den Sprung auf die Bühne zu wagen.

In fast allen Fällen liebt es der Konfliktträger, selbst zu spielen

In fast allen Fällen liebt es der Konfliktträger, selbst zu spielen. Das ist gut so! Es gibt aber Konflikte, die erlebt der Spieler noch als zu dicht, als daß er in der Lage wäre, die nötige Distanz, die unbedingt zum Spiel notwendig ist, zu entwickeln. Daran, daß der Konfliktträger zögert, die Bühne zu betreten, bemerkt der Trainer, daß sich der Spieler unter Umständen überfordert fühlt. Der Trainer sollte in diesem Falle nicht weiter motivierend auf den Konfliktträger einwirken, sondern nach einem/einer "Ersatzmann/frau" Ausschau halten, der/die sich immer sehr schnell findet. Diese "Ersatzleute" haben den Konflikt verstanden und können ihn aus einer sicheren inneren Distanz heraus souverän spielen, und das "Original" kann aus einer ebensolchen Distanz heraus zuschauend erleben, wie sich im Spiel sein eigener Konflikt auflöst.

Selbstverständlich können aus den eben vorgestellten verschiedenen Möglichkeiten auch Kombinationen zusammengestellt werden.

Wichtig ist, daß der Trainer die Besetzung zügig entstehen läßt, damit sich Angst vorm Spiel erst gar nicht breitmachen kann

Wichtig ist, daß der Trainer die Besetzung zügig entstehen läßt, damit sich Angst vorm Spiel erst gar nicht breitmachen kann. Ich selbst habe es nie anders erlebt, als daß sich immer genau jene Besetzung der Konfliktspielszene gebildet hat, die zur Lösung des Konfliktes führen mußte.

Dritte Phase: Das wirklichkeitsnahe Spiel.

Es ist eine Erfahrung: Wenn die Spielszene begonnen hat und sich alle Beteiligten ins Spiel werfen, indem sie in ihre Rollen schlüpfen, dann vermag man nicht mehr zu unterscheiden, ob das ein Spiel oder ob das das Leben selbst ist. Plötzlich steht der Konflikt wirklich und leibhaftig vor aller Augen, und man taucht in ihn ein, ob man will oder nicht. Das ist ja das Geniale am spontanen Spiel, je mehr man sich hineinbegibt, um so mehr verlieren sich die Grenzen zwischen Spiel und Wirklichkeit. Es liegt also der Rückschluß nahe, daß, wenn eine Lösung des Konfliktes im Spiel geschehen ist, sie sich ohne große Anstrengung auch aufs Leben übertragen läßt. Doch davon später mehr!

Das ist ja das Geniale am spontanen Spiel, je mehr man sich hineinbegibt, um so mehr verlieren sich die Grenzen zwischen Spiel und Wirklichkeit

Über die anfängliche Verwunderung, wie präzise die spontan ermittelte Besetzung das vorgegebene Thema spielerisch erfaßt und dabei oft durch gelungene Übertreibung sogar noch hinüber ins Komische lappt, schwingen sich Trainer und Zuschauer langsam in den spielerisch dargestellten Konflikt ein. Das heißt, nach und nach tritt die schauspielerische Leistung der Darsteller in den Hintergrund, und der Konflikt erscheint dem aufmerksamen Zuschauer so, als wäre es sein eigener. Hochmotiviert "arbeitet" jeder der Zuschauenden an einer Lösungsmöglichkeit mit.

Je lockerer und entspannter die Spieler während des Spiels werden, um so lustvoller und lustiger wird das Spiel. Spaß und Lust am Spiel sind Garanten für die ersehnte Lösung des Konfliktes.

Spaß und Lust am Spiel sind Garanten für die ersehnte Lösung des Konfliktes

Tosender Applaus krönt fast immer ein solches Spiel. Hier ist etwas geschehen, das man selten in den Produkten der Medienindustrie findet: Man wurde wirklich ergriffen, man hat mit den Spielern mitgefühlt und man hat sich mit den Spielern mitverwandelt. Jeder fühlt es so: Es wurde nicht nur der Konflikt eines Einzelnen dargestellt, sondern der Konflikt aller Teilnehmer im Raum.

Nachdem das Spiel beendet und der Konflikt präzise dargestellt worden ist, schlägt der Trainer eine "Verdauungspause" vor. Man spricht noch einmal über den spielerisch dargestellten Konflikt, und jeder, der sprechen will, schildert genau das, was er gesehen hat. Hier ist allerdings Vorsicht geboten: Da sich jeder mit dem dargestellten Konflikt weitgehend identifiziert hat, fehlt nun eine klare, distanzierte Position, und so werden jede Menge Emotionen formuliert. Der Trainer ist nun als Moderator voll gefordert. Er ist dafür verantwortlich, daß zwar gesprochen wird, um sich mitzuteilen, daß der Konflikt aber nicht "zerredet" wird.

Der Trainer ist nun als Moderator voll gefordert. Er ist dafür verantwortlich, daß zwar geredet wird, um sich mitzuteilen, aber der Konflikt darf nicht "zerredet" werden

Die Galli Methode geht davon aus, daß intellektuelle Überlegungen keine kompetente Lösung entwickeln können für Konflikte, die im Emotionalen wurzeln.

Die Galli Methode schult die emotionale Intelligenz

Die Galli Methode schult die emotionale Intelligenz. Der Ausdruck "emotionale Intelligenz" ist heute sehr gebräuchlich und deswegen auch weithin verständlich. Aus diesem Grunde benutze ich ihn hier. Ich selbst allerdings ziehe den Begriff "Intuition" vor. Intuition erreicht jene Tiefen der menschlichen Psyche, die sich der verstandesmäßigen Folgerichtigkeit entziehen, weil sich dort ein Meer von schillernden Bildeindrücken in Form von Erinnerungen und Erfahrungen ausbreitet. Genau aus diesem Meer "fischt" die Intuition die dort in der Tiefe wartende Lösungsstrategie heraus.

Vierte Phase: Das transformierende Spiel.

Die Spielszene wird in dieser vierten Phase in einem anderen Rahmen nochmals gespielt. Diesmal mit noch mehr Lust, denn der Konflikt steht nun nicht mehr so wirklichkeitsnah im Vordergrund, sondern im transformierenden Spiel wird er "verkleidet" dargestellt. Das heißt, jetzt wird der Konflikt auf eine andere Ebene gehoben oder anders formuliert: "verschoben".

Der Konflikt wird jetzt auf eine andere Ebene gehoben oder anders formuliert: "verschoben"

Die vierte Phase der Galli Methode ist die Phase, in der die Intuition des Trainers aufs Äußerste herausgefordert wird. Er wird entscheiden müssen, auf welcher Ebene der Konflikt theatralisch verfeinert dargestellt wird. Wie schon in der Einleitung zu diesem Kapitel geschildert, kann es dazu kommen, daß die Lösung spontan bereits erschienen ist und der Spieler in einer tiefen Selbsterkenntnis verstanden hat, wie er sich in die schwierige Situation hineinmanövriert hat, und nun auch versteht, wie er sich wieder hinausbewegen kann. Wenn dies schon in der dritten Phase, also im wirklichkeitsnahen Spiel geschieht, dann ist die vierte Phase nicht mehr notwendig und kann ebenso übersprungen werden wie die fünfte und sechste Phase. Erst bei der siebten und letzten Phase "Die Übertragung ins Leben" ist der Trainer wieder gefordert, um mit dem Vorschlag einer gezielten Bewußtseinsübung, dem Spieler die Möglichkeit zu eröffnen, die eben gewonnene Erkenntnis als handlungsbestimmendes Element in den Energiefluß seines Alltags einzubauen.
Sollte es aber geschehen, daß die Lösung in der dritten Phase noch nicht erschienen ist, dann wird der Konflikt wie gesagt auf anderer Ebene noch-

mals gespielt. Sowohl des Trainers Intuition als auch seine Erfahrung sind notwendig, um eine gute und wirksame Wahl zu treffen. Im Rückgriff auf meine jahrzehntelange Erfahrung in der Moderation von Konfliktlösungsspielen habe ich sieben transformierende Spiele entwickelt. Da die Galli Methode bei verschiedenen Zielgruppen angewendet werden kann, ist es leicht nachzuvollziehen, daß verschiedene transformierende Spiele zur Verfügung stehen sollten, die je nach Zielgruppe passend eingesetzt werden können.

Da die Galli Methode bei verschiedenen Zielgruppen angewendet werden kann, ist es leicht nachzuvollziehen, daß verschiedene transformierende Spiele zur Verfügung stehen sollten, die je nach Zielgruppe passend eingesetzt werden können

Im Folgenden gebe ich zunächst einen Überblick über die sieben transformierenden Spiele, um sie dann im einzelnen ausführlich darzustellen.

1. Das Körpersprachespiel

Hier werden die körpersprachlichen Zeichen, der Atem und das Timing während einer Kommunikation so übertrieben, daß deutlich wird, was wesentlich ist (siehe Galli Script "Körpersprache und Kommunikation").

2. Das Verstärkungsspiel

Damit der Konflikt schnell zu seinem Höhepunkt geführt wird, steht hinter dem Spieler noch ein weiterer, der ihn vorantreibt.

3. Das Filmspiel

Der Konflikt wird in diesem Spiel als Filmszene gespielt: Sei es ein Western, ein Kriminal-, ein Liebesfilm oder ein Musical.

4. Das Märchenspiel

Hier wird der Konflikt auf der Märchenebene gespielt. Es werden Szenen aus den bekanntesten Märchen ausgewählt, die einen deutlichen Bezug zum Konflikt aufweisen (siehe Galli Script "Märchen und Mythen - die Sprache der Gefühle").

5. Das Raum- und Zeitspiel

Der Konflikt wird hier entlang der historischen

Zeitachse entweder nach vorne oder nach hinten verschoben. In der Vergangenheit bieten sich Szenen aus der Steinzeit oder Szenen aus dem antiken Griechenland, Rom usw. an. Genausogut kann das Spiel aber auch in die nahe oder ferne Zukunft verlegt werden. Gerade die endlosen Weiten des Weltraums bieten oft eine willkommene Entfernung zur Lösung allzu dichter Probleme an.

6. Das Kellerkinderspiel

In diesem Spiel wird der Konflikt direkt in die Welt der Kellerkinder verlegt. Sehr häufig empfiehlt sich eine Kellerkinder Aufstellung (siehe Galli Script "Die sieben Kellerkinder®").

7. Das Clownspiel

In diesem Spiel verwandeln sich die Spieler in Clowns, indem sie sich eine rote Plastik- oder Gumminase auf die Nase stülpen und durch diesen Kunstgriff frei und ungehemmt spielen können, was sie wollen und damit auch die Lösung (siehe Galli Script "Der Clown als Heiler", oder "Clown - Die Lust am Scheitern").

Diese sieben Möglichkeiten eines transformierenden Spiels werden im Folgenden ausführlich dargestellt, denn in ihrer kompetenten Handhabung liegt der Schlüssel zur erfolgreichen Anwendung der Galli Methode.

Diese sieben Möglichkeiten eines transformierenden Spiels werden im Folgenden ausführlich dargestellt

Das Körpersprachespiel.

Das Körpersprachespiel ist jene Möglichkeit, bei der die Spieler keine große schauspielerische Anstrengung leisten müssen

Das Körpersprachespiel ist jene Möglichkeit, bei der die Spieler keine große schauspielerische Anstrengung leisten müssen. Somit ist das Körpersprachespiel vor allem für jene geeignet, die "mit der Schauspielerei nichts zu tun haben".

Es ist einfach, diese Zielgruppe noch genauer zu erfassen: Es sind Menschen, die einen festen Beruf haben, in dem sie erfolgreich sind und durch Bewußtwerdung der Körpersprache noch erfolgreicher werden wollen.

In allen Trainings, die sich an Manager auf verschiedenen Ebenen verschiedener Firmen richten, ist das Körpersprachespiel unbedingt empfehlenswert.

Wo es eine Regel gibt, da gibt es auch eine Ausnahme. Vielleicht ist es ja gerade einmal angebracht, in einem Training mit internationalen Topmanagern ein Raum- und Zeitspiel zu arrangieren oder ein Filmspiel, ja vielleicht sogar ein Clownspiel...

Das Spiel funktioniert so, daß die Spielszene an bestimmten Stellen unterbrochen werden kann und die Spieler mit einem kommandoähnlichen "Stop!" vom Trainer aufgefordert werden, in der Position, in der sie sich gerade befinden, zu erstarren

Doch nun zurück zum Körpersprachespiel selbst. Das Spiel funktioniert so, daß die Spielszene an bestimmten Stellen unterbrochen werden kann und die Spieler mit einem kommandoähnlichen "Stop!" vom Trainer aufgefordert werden, in der Position, in der sie sich gerade befinden, zu erstarren oder "einzufrieren" (freeze), wie der englische Fachbegriff aus der Theaterarbeit lautet. Dieses Erstarren, das vom Trainer kommentiert wird, eröffnet die Möglichkeit, sowohl den Zuschauern als auch den Spielern auf der Bühne Zeit und Raum zu geben, um sich der eigenen körpersprachlichen Mitteilungen bewußt zu werden. Hier fällt es manchen wie Schuppen von den Augen,

weil ihnen klar wird, was sie "wirklich" ausdrükken und daß diese Wirklichkeit häufig genau zu dem, was sie sagen, im Widerspruch steht. Hier jagt ein "Aha-Erlebnis" das andere.
Körpersprache ist einfach. Jeder begreift stets sehr schnell und spontan, wie wichtig der gestische, mimische oder körperliche Kommentar in einer Kommunikationssituation ist. Wenn wir aber in eine Situation gestellt werden, die uns emotional belastet und in der wir schnell reagieren müssen, dann vergessen wir nur allzu oft, daß wir einen Körper haben, mit dem wir die Kommunikation beeinflussen. Hier gilt es anzusetzen: Sich seiner selbst "leibhaftig" zu erinnern!
Genau dieses zu lernen, daß man in den entscheidenden Phasen eines Gesprächs auf die eigene und die Körpersprache des Gegenübers achtet, ist Ziel der Trainings, in denen - wie oben schon beschrieben - das Körpersprachespiel einen zentralen Platz einnimmt.

Ziel der Trainings ist, daß man in den entscheidenden Phasen eines Gesprächs auf die eigene und die Körpersprache des Gegenübers achtet

Noch einmal zusammengefaßt: Das Körpersprachespiel orientiert sich am wirklichkeitsnahen Spiel. Die Spieler spielen also nochmals nach, was sie schon im Spiel der dritten Phase gespielt haben. Nun aber wird das Spiel immer wieder unterbrochen. Immer wieder werden mit dem Stop-Ruf die Spieler aufgefordert, sofort zu erstarren. Nun kann der Trainer genau zeigen, in welchen körpersprachlichen Posen sich die Spieler befinden, und klarmachen, was hier wirklich kommuniziert wird. So wird schnell eine Lösung für das anstehende Problem erscheinen können.

Das Verstärkungsspiel.

Es kommt mitunter vor, daß der Spieler, der seinen Konflikt auf der Bühne spielt, plötzlich den Konflikt aus den Augen verliert und schüchtern scheu verstummt. Es will ihm nicht gelingen, das passende Wort zu formulieren, weil er fürchtet, es wäre zu direkt und könnte Wirkung zeigen oder aber er fürchtet sich, Aggressionen offen zuzulassen, weil das vielleicht den guten Eindruck, den man von ihm hatte, beeinträchtigen könnte.

Es gibt für jeden eine Menge Gründe, lieber in der Verstellung zu verharren, als die eigene Wahrheit zuzulassen.

Wenn also die Wahrheit, das wahre Sein, wieder einmal stecken bleibt, dann ist es an der Zeit, dem Spieler Verstärkung zuzuführen

Wenn also die Wahrheit, das wahre Sein, wieder einmal stecken bleibt, dann ist es an der Zeit, dem Spieler Verstärkung zuzuführen. Dies geschieht dergestalt, daß dem Spieler, der etwas "schwächelt", ein weiterer Spieler zur Seite bzw. in den Rücken gestellt wird. Dieser "verstärkende" Spieler bleibt für die anderen Mitspieler "unsichtbar und unhörbar". Es ist nun die Aufgabe des "verstärkenden" Spielers, seinem "Vordermann" auf die Sprünge zu helfen bzw. ihn in den Konflikt hineinzutreiben. Immer wieder spricht er genau das an, was der Konfliktspieler vermeiden will. Unerbittlich jagt er den Konfliktspieler immer tiefer in den Konflikt hinein. So bringt der "Hintermann" den Konflikt sehr schnell auf den Punkt, denn er verstärkt den Druck auf den Spieler auf spielerische Art und Weise.

Unter dem Druck der Wahrheit gibt dann der Spieler eigene Emotionen preis, die den Weg zur Lösung weisen

Unter dem Druck der Wahrheit gibt dann der Spieler eigene Emotionen preis, die den Weg zur Lösung weisen.

Das Filmspiel.

Im Filmspiel greifen wir auf eine Erfahrung zurück, die wir alle gemacht haben: Fernsehen!

Im Filmspiel greifen wir auf eine Erfahrung zurück, die wir alle gemacht haben: Fernsehen!
Seit Generationen ist es in nahezu allen Familien der westlichen Welt üblich, Abend für Abend als Höhepunkt des familiären Zusammenseins den gemeinsamen Fernsehabend zu wählen. So kommt es, daß uns viele Fernsehhelden vertraut und familiär erscheinen. Der Spielfilm gehört zu "unserem täglich Brot", und somit ist das transformierende Spiel "Das Filmspiel" für alle geeignet, denen Begriffe wie "Western", "Kriminalfilm" oder "Liebesfilm" das Feuer der Begeisterung in die Augen treibt.
Im Stile eines Spielfilmes wird eine Spielszene entwickelt. Kostüme, Bühnenbild und Requisiten gleichen sich dem aus Film und Fernsehen bekannten Ambiente an. Man agiert ganz ähnlich wie die bekannten Filmhelden. Der Vorteil liegt auf der Hand. Man kann etwas, das man schon mal gesehen hat, nachspielen. Über das lustvolle Nachspielen von Szenen aus bekannten Fernseh- oder Kinofilmen gelangen die Spieler ins eigene Spiel.

Über das lustvolle Nachspielen von Szenen aus bekannten Fernseh- oder Kinofilmen gelangen die Spieler ins eigene Spiel

Zum Filmspiel gehört auch das Operetten- oder Musicalspiel. Dies ist ein Spiel für ausgesprochen spielfreudige und wagemutige Menschen, die sich eine gesangliche Grundbegabung zusprechen. Solch eine gelungene Gesangsshow mobilisiert viel Lebensfreude, und vor allem: Die Gefühlswelt der Spieler und Zuschauer wird direkt angesprochen. Wenn ein solches Ereignis gelingt, hat es eine enorme Wirkung auf alle Beteiligten.
Geeignet ist das Operetten- und Musicalspiel vor allem zur Darstellung der großen Gefühle: Verrat - Hinterlist - Trennung - Verzweiflung - Liebes-

Hier läßt sich das Pathos, das wir aus den Theateraufführungen oder Opern her kennen, vorzüglich erleben und so übertrieben darstellen

schwüre - Treuegelübde und so weiter...
Hier läßt sich das Pathos, das wir aus den Theateraufführungen oder Opern kennen, vorzüglich erleben und so übertrieben darstellen, daß die Lachmuskeln der Zuschauer auf's Äußerste beansprucht werden. So wie man einem Stotterer zuruft: "Wenn du es nicht sagen kannst, dann sing es!", so mag man dem Spieler zurufen, seinen Konflikt zu singen, um die ungeahnte Tiefe, die der Gesang in sich birgt, zu nutzen. So gelingt es, in den eigenen Konflikt einzudringen und der Lösung eine Chance zu geben.
Die Zielgruppe ist hier sehr weit gestreut und umfaßt alle jene, die sich gerne im Theater, in der Oper, im Film und in der Fernsehwelt bewegen.
Es ist nicht einfach, seinen Konflikt gleich in einen Liebesfilm, Krimi oder Wildwestfilm zu übersetzen. Hier ist unbedingt Vorbereitungszeit nötig, in der Requisiten und Kostüme in aller kreativen Eile gebastelt und zusammengestellt werden.
Wenn es allerdings gelingt, und das entscheidet vor allem die Kompetenz des Trainers, der schnell den Konflikt erfaßt und eine Spielszenenidee parat hat, dann ist der Erfolg enorm.

Durch die freudvolle und spielerische Befreiung aus der Umklammerung eines emotionalen Konfliktes gewinnt der Spieler die notwendige Distanz, um verschiedene neue Blickwinkel einzunehmen, die die Lösung vorbereiten

Deutlich können wir uns an dieser Stelle den Kernpunkt der Galli Methode klarmachen: Durch die freudvolle und spielerische Befreiung aus der Umklammerung eines emotionalen Konfliktes gewinnt der Spieler die notwendige Distanz, um verschiedene neue Blickwinkel einzunehmen, die die Lösung vorbereiten.

Das Märchenspiel.

Das Märchenspiel ist besonders für Menschen geeignet, die einen Zugang zu Märchen und Mythen haben und die Märchen nicht als Kindergeschichten abqualifizieren, sondern die Symbole, die die Märchen und Mythen aller Kulturen beinhalten, als lebendige und wegweisende Mitteilungen verstehen können. Wer die Märchen und Mythen als Symbolträger von immerwährender Gültigkeit versteht, für den wird das Märchen- und Mythenspiel seine enorme Kraft entfalten können.

Wer die Märchen und Mythen als Symbolträger von immerwährender Gültigkeit versteht, für den wird das Märchen- und Mythenspiel seine enorme Kraft entfalten können

Das Märchenspiel geht so: Der Trainer findet mit intuitiver Sicherheit die Märchenszene, die den Konflikt des Teilnehmers symbolisiert. Hierzu bedarf es Mut zur Analogie!

Sehr schnell fällt dem Trainer, der genau zuhört, auf, in welcher Schlüsselszene welchen Märchens sich der Konfliktträger gerade befindet. Dem Trainer ist klar, daß Märchen und Mythen emotionale Konflikte abbilden und auch die Erlösung des Helden aufzeigen. Vor allem die schwierigen Prozesse der Wandlung vom Mädchen zur Frau und der Wandlung vom Jungen zum Mann sind zentrale Themen der Märchen und Mythen. Aber auch Themen wie Eifersucht, sexuelle Obsession, Drogensucht oder Depression sind von den Märchen erfaßt und gelöst. Bereits bei dieser knappen Vorstellung einiger Themen, die in Märchen und Mythen behandelt werden, wird klar, daß es sich hier um wirklich "heiße" Themen handelt.

Die Galli Methode kann sich also mit dem Märchenspiel tief in psychische Verwilderungen vorwagen und dort die klar strukturierten Märchen und Mythen ordnende Klarheit stiften lassen.

Die Galli Methode kann sich also mit dem Märchenspiel tief in psychische Verwilderungen vorwagen

Der große Vorteil des Märchenspiels ist, daß wenn

sich die Spieler in einer Phase des betreffenden Märchens wiedererkennen und dies akzeptieren, sie sogar anhand des weiteren Verlaufs des Märchens verläßlich voraussagen können, in welcher Richtung sich die Lösung des gespielten Konfliktes entwickeln wird.

Märchen und Mythen sind Einweihungswege für die Seele, die uns von unseren Urahnen geschenkt wurden

Märchen und Mythen sind Einweihungswege für die Seele, die uns von unseren Urahnen geschenkt wurden.

Das Problem ist allerdings, daß die Märchen und Mythen heute leider nicht mehr verläßlich bekannt sind, so daß sie erst erzählt werden müssen, was sehr häufig den vorgegebenen Zeitrahmen sprengt. Häufig sind auch die Trainer nicht mehr ganz sicher in der Kenntnis der Märchen und Mythen. Aus diesem Grunde habe ich nicht nur eine große Anzahl von Märchen- und Mytheninszenierungen präsentiert, sondern auch das Galli Script "Märchen und Mythen - Die Sprache der Gefühle" herausgegeben und einen Roman zu diesem Thema geschrieben ("Sonnenmond - Das verspielte Paradies").

In den frühen neunziger Jahren habe ich europaweit einen Aufschwung im Märchenspiel miterlebt (mitbewirkt?), aber gegen Ende des Jahrtausends ist diese Welle leider wieder verebbt.

Es bleibt abzuwarten, wie sich die Intensität der Beschäftigung mit Märchen und Mythen weiterhin entwickelt.

Das Raum- und Zeitspiel.

Das Raum- und Zeitspiel ist vielfältig verwendbar. Vor allem das Verschieben der Zeitachse in die Zukunft wird von zukunftsorientierten Berufsgruppen wie Topmanagern zukunftsorientierter Firmen gerne und ausgiebig genutzt.

Die Verlegung eines Konfliktspiels in die nahe oder ferne Zukunft ist eine hervorragende Möglichkeit, um Konflikte, die vor allem im unternehmerischen Bereich liegen, eindrucksvoll transparent zu machen. Gerade Konflikte innerhalb von Firmen, die in die Zukunft investieren, haben große Freude daran, heute schon die Zukunft spielerisch zu gestalten. Technische Berufsgruppen sind ganz wild darauf, die Entwicklung der Technik in der Zukunft zu visionieren und zu visualisieren.

Die Verlegung eines Konfliktspiels in die nahe oder ferne Zukunft ist eine hervorragende Möglichkeit, um Konflikte, die vor allem im unternehmerischen Bereich liegen, eindrucksvoll transparent zu machen

Aber nicht nur das mutige Spiel der Zukunft macht Konflikte bis zur Lösung hin transparent, sondern auch das Spiel in die Vergangenheit zu legen, bedeutet einen großen Reiz. Vor allem die Konflikte ins Mittelalter (Inquisition - Hexenprozesse - Liebesdramen durch Standesunterschiede - Kreuzzüge - Seeräuber) oder ins verderbte Rom, oder ins geistig durchflutete Griechenland zu legen, bringt immer großen Spaß.

Es gilt offensichtlich die Regel: Je weiter weg der Konflikt verlegt wird, um so größer die Distanz und um so größer die innere Befreiung, die eine Bedingung für die Lösung des Konfliktes darstellt.

Je weiter weg der Konflikt verlegt wird, um so größer die Distanz und um so größer die innere Befreiung, die eine Bedingung für die Lösung des Konfliktes darstellt

Aber nicht nur die Zeitachse entlang zu wandern bringt eine Menge Spaß, setzt riesige Kreativität frei und schafft so ideale Bedingungen für das spontane Erscheinen der Lösung, auch die Raumachse zu verschieben ist reizvoll. Wie würde der Konflikt in New York aussehen oder in Beijing, oder in Helsinki?

Für das Raum- und Zeitspiel ist sowohl fundiertes historisches Wissen als auch eine gewisse Welterfahrenheit und Weltgewandtheit nötig

Wir sehen, für das Raum- und Zeitspiel ist sowohl fundiertes historisches Wissen als auch eine gewisse Welterfahrenheit und Weltgewandtheit nötig. Ist es dann soweit, und der Konflikt wird in eine andere Zeit oder an einen anderen Ort verlegt, dann ist eine kleine Pause nötig, in der die Spieler höchste Kreativität walten lassen können, um Requisiten und Kostüme blitzschnell herzustellen.

Eine Tischdecke kann eine römische Toga sein, der schwarze Regenmantel eignet sich als Umhang des Henkers, eine Taucherbrille dient als Atemmaske für einen astronautischen Raumanzug, ein umgedrehter Stuhl wird zum Cockpit eines Raumschiffes.

Damit das Raum- und Zeitspiel auch wirklich Spaß macht, sollte es über genügend Vorbereitungszeit verfügen

Wir sehen also: Damit das Raum- und Zeitspiel auch wirklich Spaß macht, sollte es über genügend Vorbereitungszeit verfügen.

Hinweis für den Trainer: Arbeitet man mit einer Workshop- oder Ausbildungsgruppe, so kann man nun mit anderen Spielern einen neuen Konflikt bearbeiten, während die Spieler des Raum- und Zeitspiels auf Requisiten- und Kostümsuche gehen und zu einem späteren Zeitpunkt dann ihren Konflikt als kleine Theaterszene vorstellen.

Die Erfahrung hat gezeigt, daß solche Theateraufführungen beim Publikum gerade wegen ihrer Kreativität einen großen Erfolg erzielen.

Das Kellerkinderspiel.

Das Kellerkinderspiel setzt voraus, daß das Kellerkindersystem bereits bekannt ist. Zwar ist mein Kellerkindersystem kinderleicht zu verstehen, aber dennoch, es muß erst erläutert werden, und nicht nur das: Die sieben Kellerkinder müssen von den Teilnehmern erfahren werden, und das setzt voraus, daß zumindest die Tanzmeditation "Die Sieben Kellerkinder®" (siehe Seite 141) oder die Kellerkinderübung (siehe Galli Script "Selbst bewußt sein - Das Buch der Übungen") intensiv erlebt wurde. Da ich den Sieben Kellerkindern einen Band der Buchreihe Galli Script gewidmet habe, ist es nicht nötig, an dieser Stelle wiederholend in die Tiefe zu gehen.

Wenn der Teilnehmer seinen Konflikt in einer Sucht sieht, dann ist das Kellerkinderspiel sehr erfolgversprechend

Nur soviel sei erklärt: Wenn der Teilnehmer seinen Konflikt in einer Sucht sieht, dann ist das Kellerkinderspiel sehr erfolgversprechend. Mit Sucht ist hier nicht in erster Linie der Umgang mit schweren Drogen gemeint, sondern vor allem jene ungesunden Angewohnheiten des täglichen Lebens, die man aus eigenem Antrieb nicht mehr stoppen kann, sondern aus einem inneren Zwang heraus immer wieder tun muß wie zum Beispiel Tabak rauchen, Alkohol trinken, Kaffee trinken oder Zukker essen. Wenn also einer seine Sucht überwinden will, dann ist eine Kellerkinderaufstellung ideal (siehe Galli Script "Die sieben Kellerkinder®").

Die Begegnung mit den eigenen Kellerkindern hilft immer, den Konflikt zu erfassen und zu lösen

Es empfiehlt sich aber auch, bei Unklarheiten in der eigenen beruflichen Vision oder bei Ängsten, sich beruflich selbständig zu machen, die Kellerkinderaufstellung anzuwenden. Die Begegnung mit den eigenen Kellerkindern hilft immer, den Konflikt zu erfassen und zu lösen.

Das Clownspiel.

Zum Clown habe ich umfassend Erklärendes und Anleitendes veröffentlicht (Galli Script "Der Clown als Heiler", "Clown - Die Lust am Scheitern", Buchreihe "Aus dem Leben eines Clowns"). Da meine Methode insgesamt vom Clown her entwickelt wurde, ist es hier nicht weiter nötig, die philosophisch endlosen Tiefen des Clowns näher zu beschreiben, aber an dieser Stelle sei betont, daß im Clownspiel als Konfliktlösung die phantastischsten und überraschendsten Lösungen erscheinen, vielleicht gerade deshalb, weil es den spielenden Teilnehmern nicht gestattet ist, miteinander in verständlicher Sprache zu kommunizieren.

Wenn das wirklichkeitsnahe Spiel auf seinem Höhepunkt ist, unterbricht der Trainer das Spiel und fordert nun alle beteiligten Spieler auf, sich eine rote Plastik- oder Gumminase über die Nase zu ziehen, tief durchzuatmen und nun als Clowns einfach weiterzuspielen

Das Clownspiel geht so: Wenn das wirklichkeitsnahe Spiel auf seinem Höhepunkt ist, unterbricht der Trainer das Spiel und fordert nun alle beteiligten Spieler auf, sich eine rote Plastik- oder Gumminase über die Nase zu ziehen, tief durchzuatmen und nun als Clowns einfach weiterzuspielen. Als Clowns dürfen sie nun aber nicht mehr sprechen, sondern nur noch gestisch oder mit Geräuschimitationen oder Tönen miteinander kommunizieren. Allerdings muß der Trainer die Clownspieler immer wieder geduldig auffordern, daß sie tief atmen und Töne produzieren. Zu groß ist die Verlockung der Spieler, durch stummes Spiel und flaches Atmen den Konflikt wieder zu verdrängen, anstatt ihn unter dem Schutz der roten Nase mutig an- und auszuspielen. Wenn ein Konflikt sich nicht mehr hinter undurchschaubaren intellektuellen Vermeidungsstrategien verstecken kann, sondern sich in einem klaren mimischen und gestisch und sinnlich körperlich orientierten Spiel offenbaren muß, dann verschwindet er häufig, kapituliert und gibt der Lösung den Weg ins Bewußtsein frei.

Fünfte Phase: Die Lösung erscheint.

Wichtig ist es für den Trainer beim intensiven Betrachten des Spiels, sich nicht von einer Welle der sich im Raum ausbreitenden Spielfreude wegreißen zu lassen oder aber im umgekehrten Falle ungeduldig wegen des zähen Spielflusses das Ende der Spielszene herbeizusehnen. Der Trainer sollte sich unbedingt angewöhnen, in jedem Moment so aufmerksam wie nur irgendwie möglich zu sein, denn die Lösung erscheint prinzipiell genau in dem Moment, in dem sie keiner erwartet.

Der Trainer also muß die Kunst der Beobachtung perfekt beherrschen. Dies ist leichter als vermutet, denn es gibt einen deutlich spürbaren Moment: Es ist dies der Punkt der höchsten Energie im Raum. Die Spannung ist am höchsten, und alle sind gebannt. In diesem Punkt der höchsten Energie erscheint durch eine Geste, ein Wort, einen Blick, eine Bewegung, eine mimische Bewegung die Lösung. Der Trainer kann also an dem Energieniveau ablesen, wann die Lösung des gespielten Konflikts erscheint. Durch ein Übersetzen des körpersprachlichen Symbols, das sich in dieser höchsten Energie offenbart hat, kann der Trainer die Lösung nun in einfachen und überzeugenden Worten mitteilen. Die Lösung, die für alle spürbar und sichtbar erschienen ist, war genau jener Moment, in dem der Spieler gewagt hat, so zu sein, wie er wollte. Zum ersten Mal in seinem Leben war er der, der er war. Unverstellt hat er sich selbst offenbart. Der Spieler hat die Lösung des Konfliktes erlebt. Diese Lösung ist nun im Körper und im Gefühl, ja in seinem ganzen Sein gespeichert. Bei Bedarf kann sie jederzeit abgerufen werden.

Im Punkt der höchsten Energie erscheint durch eine Geste, ein Wort, einen Blick, eine Bewegung, eine mimische Bewegung die Lösung

Der Spieler hat die Lösung des Konfliktes erlebt. Diese Lösung ist nun im Körper und im Gefühl, ja in seinem ganzen Sein gespeichert

Sechste Phase: Die Lösung wird wirklichkeitsnah gespielt.

Oft schwelgen die Spieler noch in der fünften Phase und geben ihrem Staunen umfassenden Ausdruck, wie einfach und doch stimmig die Lösung des dargestellten Konflikts ist.

Obwohl die Spieler diese sechste Phase oft als überflüssig empfinden, da die Lösung doch längst gefunden ist, ist diese sechste Phase dennoch sehr wichtig, denn sie stellt die Kontrolle dar, ob die spontan ermittelte Lösung auch wirklich vollständig ins Bewußtsein des Konfliktspielers gedrungen ist und sich dort fest verankert hat.

Die Spieler werden aufgefordert, das wirklichkeitsnahe Spiel des Konfliktes so darzustellen, daß die Lösung glaubhaft integriert wird

Also werden die Spieler nochmals aufgefordert, das wirklichkeitsnahe Spiel des Konfliktes so darzustellen, daß die Lösung glaubhaft integriert wird.

Dies geschieht folgendermaßen: Genau wie in der dritten Phase wird der Konflikt so wirklichkeitsnah wie möglich angespielt und mit der wirklichkeitsnah gespielten Lösung vollendet.

Dies ist der eigentliche Prüfstand der Galli Methode: Ist es ihr gelungen, Schritt für Schritt eine kompetente und überzeugende Lösung zu entwikkeln, die sofort verstanden, akzeptiert und umgesetzt werden kann?

Erst wenn die Lösung von den Spielern überzeugend dargestellt ist, hat der spielerische und lustvolle Teil der Galli Methode sein Ziel erreicht

Erst wenn die Lösung von den Spielern überzeugend dargestellt ist, hat der spielerische und lustvolle Teil der Galli Methode sein Ziel erreicht.

Oft unter tosendem Applaus verlassen die Spieler die Bühne und gehen erleichtert und gestärkt in die abschließende siebte Phase.

Siebte Phase:
Die Übertragung ins Leben.

In der folgenden Frage offenbart sich der "springende Punkt", an dem die Galli Methode zu Recht gemessen wird: Ist die Erkenntnis, die im Spiel entstanden ist, wirklich kompetent und wirkungsvoll in den Alltag integrierbar?
Ich kann natürlich nicht anders, als diese Frage mit "Ja!" zu beantworten. Zum einen, weil meine persönliche Erfahrung mich dazu verpflichtet, zum anderen, weil ich eine ganze Reihe von Übungen entwickelt habe, die das Bewußtsein für körpersprachliche und kommunikative Prozesse schulen und die der Übende alleine durchführen kann.

Ich habe eine ganze Reihe von Übungen entwickelt, die das Bewußtsein für körpersprachliche und kommunikative Prozesse schulen und die der Übende alleine durchführen kann

Diese Übungen, die alle in GAME - Die Galli Methode® veröffentlicht sind, seien hier noch einmal rein assoziativ nebeneinander gestellt:
Die Tagtraumübung (Kapitel 2.1.1), *Die Kerzenlichtübung* (Kapitel 2.1.2), *Die Atemübung* (Kapitel 2.1.3), *Die Gebrauchsanleitungsübung* (Kapitel 2.1.4), *Die Körperspracheübung* (Kapitel 2.1.5; auch erschienen im Galli Script "Körpersprache und Kommunikation"), *Die Briefe-an-sich-selbst-Übung* (Kapitel 2.1.6), *Die Eifersuchtsübung* (Kapitel 2.1.7), *Die innere Bilderwelt* (Kapitel 2.3), *Die Kommunikationsübung* (Kapitel 2.7), *Die Kellerkinderübung* (Kapitel 2.6.6), *Tanzmeditationen* (Kapitel 2.2.1; auch erschienen in der Reihe Galli Script mit dem Titel "Tanzmeditationen", Band 1-3)
Wenn es dem Trainer gelingt, den Spieler davon zu überzeugen, eine angemessene Übung im täglichen Rhythmus zu wiederholen, dann ist die Anwendung der erspielten Lösung für den Alltag eindrucksvoll gesichert. Eine herausragende Rolle

spielt die Körperspracheübung. Die Körperspracheübung ist die Aufforderung, sich jeden Tag sieben Minuten zu reservieren, in denen man Situationen, die man erlebt hat und die nicht optimal verlaufen sind, nachspielt. Es ist gleichgültig, ob man für die Körperspracheübung den Abend nutzt oder den Morgen. Wichtig ist einzig und allein, daß diese Übung durchgeführt wird. Nur sieben Minuten sind nötig jeden Tag, um Konfliktsituationen des Tages im Spiel zu erlösen und sich an die endlose Kraftquelle anzuschließen. Wenn es einem gelingt, im Leben eine konfliktträchtige Situation spontan als ein Spiel der Kräfte zu sehen, so wie man es in den Spielphasen der Galli Methode erlebt hat, dann kann kein noch so heftiger Konflikt den Betroffenen ganz in sich hineinziehen, so daß man unbewußt und das heißt unvernünftig handelt. Dies ist der Schlüssel: Jeder Mensch spielt täglich nicht nur Situationen, die ihn überfordert haben, sondern er spielt im Voraus auch Situationen, die auf ihn zukommen. Durch dieses tägliche Spiel ist er vorbereitet und ist so für die Wirklichkeit gewappnet. Dies also ist der Schlüssel der Galli Methode: Sie wappnet für die Wirklichkeit.

Dies ist der Schlüssel: Jeder Mensch spielt täglich nicht nur Situationen, die ihn überfordert haben, sondern er spielt im Voraus auch Situationen, die auf ihn zukommen

Die "Körperspracheübung" ist ausführlich im Galli Script "Körpersprache und Kommunikation" beschrieben. Selbstverständlich haben auch alle anderen Übungen ihre enorme Wirkung, doch sind sie häufig auf spezielle Kräfteverhältnisse beim spielenden Teilnehmer zugeschnitten. Die Körperspracheübung ist die Grundlage, auf der die anderen Übungen aufbauen. Es ist ratsam, sie täglich durchzuführen, da sie einfach und kurz ist. Wer tiefer in die Welt der eigenen Wirklichkeit einsteigen möchte, wird Stufe für Stufe Übungen vorfinden, die ihn immer weiter führen.

Fallbeispiele

Einleitung.

War die erste Stufe der Galli Methode einigen grundsätzlichen Ideen zum Thema "Im Spiel ist der Mensch wirklich" gewidmet, so ging es in der zweiten Stufe darum, dem Trainer ausgiebig Übungsmaterial zur Verfügung zu stellen, um von einer Person zu einer Persönlichkeit heranzuwachsen. In der dritten Stufe werden vor allem Anwendungsbeispiele veröffentlicht, oder besser gesagt: Fallbeispiele. In einer klar strukturierten Form werden Situationen geschildert, wie sie in Galli Workshops und Galli Trainings im wahrsten Sinne des Wortes an der Tagesordnung sind. Immer geht es hier um Konflikte, die Menschen mit den herkömmlichen meist verstandesorientierten Methoden nicht lösen können und deshalb auf eine Methode zurückgreifen, die in aller Einfachheit, Klarheit und vor allem Ganzheitlichkeit zur Sache kommt. Entlang der sieben Phasen der Galli Methode als Konfliktlösung werden im Folgenden Begebenheiten geschildert, wie sie in Workshops oder Trainings andauernd vorkommen. Menschen haben die Orientierung verloren und hängen an einem Verhaltensmuster fest, entwickeln einen blinden Fleck, und immer und immer wieder wiederholt sich der Konflikt, den sie eigentlich schon vor Jahren hätten gelöst haben wollen.

Entlang der sieben Phasen der Galli Methode als Konfliktlösung werden im Folgenden Begebenheiten geschildert, wie sie in Workshops oder Trainings dauernd vorkommen

Seit meinem ersten Workshop, den ich 1980 durchführte, habe ich jeden Workshop und später dann jedes Training protokolliert. Dies kommt mir natürlich jetzt zugute, und so steht eine schier unüberschaubare Menge an Fallbeispielen zur Verfügung, die nach und nach an verschiedenen Stellen veröffentlicht werden.

Seit 1984 habe ich viele Trainer kompetent ausgebildet, die nun ebenfalls über enorme Erfahrungen im Umgang mit der Galli Methode verfügen und auch eine große Anzahl von Fall- beispielen zu diesem gigantischen Forschungsprojekt, wie das Spiel zur Transformation zu nutzen ist, beisteuern.

Zu jedem der sieben transformierenden Spiele wurden von mir drei Fallbeispiele ausgewählt

Im Folgenden werden nun in einem ersten Überblick einundzwanzig Fallbeispiele vorgestellt. Zu jedem der sieben transformierenden Spiele wurden von mir drei Fallbeispiele ausgewählt:

1. Das Körpersprachespiel
1.1 Der Scheck
1.2 Ein Gewerkschaftskonflikt
1.3 Sexuelle Belästigung am Arbeitsplatz
2. Das Verstärkungsspiel
2.1 Der schockierte Japaner
2.2 Der eklige Duft
2.3 Heimzahlen wollen
3. Das Filmspiel
3.1 Die Frau, die wie ein Mädchen geht
3.2 Angst vor Beurteilung
3.3 Frau als Ruhekissen
4. Das Märchenspiel
4.1 Dornröschenschlaf
4.2 Der Froschwurf
4.3 Rotkäppchen
5. Das Raum- und Zeitspiel
5.1 Just call me Sir
5.2 Mann-Frau-Balance auf anderem Stern
5.3 Haremshierarchien
6. Das Kellerkinderspiel
6.1 Suchtüberwindung
6.2 Angst vor Kritik
6.3 Das Zentrum

7. Das Clownspiel

7.1 Widerstand gegen die Autorität
7.2 Die Verführung
7.3 Lösung von der Mutter

Aus der kaum überschaubaren Vielzahl von Fallbeispielen wurden hier in der ersten Veröffentlichungsreihe die erfolgreichsten ausgewählt, das heißt solche, die eine spontane Lösung des Konfliktes offenbarten, die sofort begriffen und umgesetzt werden konnte und auch wurde.

Aus der kaum überschaubaren Vielzahl von Fallbeispielen wurden hier in der ersten Veröffentlichungsreihe die erfolgreichsten ausgewählt

Es mag vielleicht verwundern, daß ich alle hier veröffentlichten Beispiele aus meiner internationalen Tätigkeit als Trainer für interkulturelle Kommunikation und Körpersprache gewählt habe, aber der Grund ist einfach: Gerade durch die Reduktion meiner sprachlichen Möglichkeiten sah ich mich gezwungen, mich sehr dicht an der Struktur der sieben Phasen der Galli Methode zu orientieren und mich sehr einfach und klar auszudrücken. So mußte ich mich also an meinem eigenen Anspruch, den ich an meine Methode stelle, messen lassen: "Make it simple!"

Ein weiterer Grund, die Fallbeispiele aus meiner internationalen Tätigkeit auszuwählen, ist: In Deutschland habe ich einen hohen Bekanntheitsgrad erreicht und dementsprechend muß ich mich erst gegen eine ganze Reihe von Projektionen durchsetzen, bis wir zur Sache kommen können.

Noch ein weiterer Grund sei genannt: Es ist mir sehr wichtig, aufzuzeigen, daß die Galli Methode auf internationaler Ebene genauso zur Geltung kommt wie auf nationaler.

Es ist mir sehr wichtig, aufzuzeigen, daß die Galli Methode auf internationaler Ebene genauso zur Geltung kommt wie auf nationaler

Die hier aufgeführten Fallbeispiele haben den Sinn, die Galli Methode als Konfliktlösung anschaulich zu vermitteln. Gerade in dieser Anschau-

lichkeit liegt die Herausforderung für den Leser, der das Ziel hat, Trainer zu werden oder seine Kompetenz als Trainer zu verbessern. Der Trainer wird zu einer eigenen Stellungnahme aufgefordert: Hätte er ähnlich oder anders gehandelt?
Hätte er das gleiche transformierende Spiel gewählt oder ein anderes?
Hätte er diese vorgeschlagene Lösung ebenfalls entdeckt oder eine andere?
Diese Fragen seien als Leitfaden vorgeschlagen, mit dem die hier geschilderten Fallbeispiele optimal aufgeschlüsselt werden können.
In jedem Falle ist natürlich die eigene Erfahrung der beste Lehrmeister, aber auch die Erfahrungen anderer aufmerksam nachzuvollziehen, ist von großem Wert. Je tiefer man sich in das geschilderte Fallbeispiel einläßt, um so größer ist der Gewinn.

Je tiefer man sich in das geschilderte Fallbeispiel einläßt, um so größer ist der Gewinn

Die Namen der agierenden Teilnehmer in den hier veröffentlichten Fallbeispielen wurden selbstverständlich geändert. Wenn die Beschreibungen der Situationen etwas knapp anmuten sollten, so deswegen, weil ich mich auf das Wesentliche des Prozeßablaufes konzentriert habe.
Viele meiner vorgeschlagenen Übungen lagen zum Zeitpunkt des Trainings noch nicht in angemessener Form übersetzt vor, aus diesem Grunde habe ich sie dem betroffenen Teilnehmer persönlich erläutert.
Fallbeispiele sind ein wertvoller Schatz, weil sie anschaulich und nachfühlbar die Wirkungsweise der Galli Methode schildern.

Fallbeispiele sind ein wertvoller Schatz, weil sie anschaulich und nachfühlbar die Wirkungsweise der Galli Methode schildern

Drei Fallbeispiele zum Körpersprachespiel.

Erstes Körpersprachespiel: "Der Scheck".

Ort
Seminarraum der Wiener Zeitung "Der Standard", Wien, Österreich
Veranstalter
Die Wiener Zeitung "Der Standard"
Zeit
Mitte November 1998
Titel
Körpersprache und Kommunikation
Zielgruppe
Fünfzig Teilnehmer im Alter zwischen dreißig und fünfzig Jahren der mittleren und oberen Führungsebenen aus den Bereichen Wirtschaft, Politik und Gewerkschaft
Leitung
Johannes Galli

1. Phase: Erfassen des Konfliktes

Nach einleitenden Übungen drängte ein Mann gleich sein Problem in den Vordergrund: "Heute in der Mittagspause", so sagte er mit reichlich aufgeregter Stimme, "entscheidet sich alles. Ich bin Architekt und habe einer großen Firma die ganzen Büros eingerichtet, vom Schreibtisch über die Deckenlampe bis zum Computer, alles. Durch verschiedene Faktoren, vor allem aber dadurch, daß der Kunde eine Woche früher einziehen will, bin ich jetzt unter großen Druck geraten. Es ist mir aber unter großen Opfern geglückt, diesen eine Woche vorverschobenen Termin einzuhalten. Der Kunde will aber erst bezahlen, wenn alles zu seiner Zufriedenheit eingerichtet ist. Ich aber brauche das Geld sofort, das der Kunde erst in zwei bis drei Monaten bezahlen will. Heute in der Mittagspause findet das Treffen mit dem Kunden in einem Wiener Café statt. Ich brauche nun dringend körpersprachliche Hilfestellung, um diesen Termin, bei dem es immerhin um eine Millionensumme geht, zu meinen Gunsten zu gestalten."

2. Phase: Die Spielerauswahl

Aus der großen Anzahl der Teilnehmer war schnell ein Mitspieler gefunden, der mit großem Vergnügen einen gerissenen Manager spielen wollte, und so kamen beide sehr schnell ins Spiel.

3. Phase: Das wirklichkeitsnahe Spiel

Wie es der Architekt auch anstellte, der Kunde wich immer wieder aus, er war zwar voller Verständnis für die Situation des Architekten, aber er war nicht willens, den Scheck gleich zu unterschreiben. Es war deutlich zu erkennen, daß der Kunde mit sehr verschlossener Körpersprache agierte. Es gelang dem Architekten nicht, das Bollwerk zu durchbrechen, hinter dem sich der Kunde körpersprachlich immer wieder verbarg. Deutlich war jetzt auch das körpersprachliche Problem des Architekten sichtbar: Er ließ sich immer wieder auf die verbalen Ausweichmanöver des Kunden ein, argumentierte und argumentierte, wobei er sich immer wieder körpersprachlich weit öffnete; die Arme immer wieder flehentlich öffnete und die Beine weit geöffnet hatte. So verlor er immer mehr Kraft, ohne seinem gewünschten Ziel näher zu kommen.

4. Phase: Das transformierende Spiel

Im transformierenden Teil dieses Körpersprachespiels übte ich nun mit dem Architekten, sich durchzusetzen. Vor allem die Atemarbeit und das Bewußtsein für die eigene Körpersprache waren Inhalt. Wir übten regelrecht ein, wie der Architekt darauf beharren sollte, daß der Scheck unterschrieben wird. Mit Blickkontakt, klarem Atem und deutlich verschlossener Körpersprache sollte es ihm gelingen, den Kunden in die Enge zu treiben und ihn zu einer Entscheidung zu zwingen. Schon die ersten Korrekturen, die der Architekt in seiner Körpersprache vornahm, bewirkten beim Kunden eine starke Verunsicherung. Nun wurde der Architekt immer deutlicher, klarer und entschiedener. Zwar versuchte der Kunde immer noch, seine Fluchtstrategien durchzusetzen, aber es gelang ihm nicht mehr. Der Architekt drängte immer deutlicher zur Entscheidung und wies jedes Herumgerede um den heißen Brei zurück. Es war ihm klar geworden, daß sich seine Unentschlossenheit in seiner laschen Körperhaltung geäußert hatte. So hatte er Schwäche und nicht Durchsetzungskraft signalisiert. Die Beiden wiederholten nun das wirklichkeitsnahe Spiel, und tatsächlich gelang es dem Architekten, sich durchzusetzen.

5. Phase: Die Lösung erscheint

6. Phase: Die Lösung wird wirklichkeitsnah gespielt

Frohgemut verließ uns der Architekt und nach der Mittagspause betrat er strahlend den Seminarraum. Alle blickten auf ihn, da zog er aus seiner Jackentasche einen Scheck, stellte sich in Siegerpose, hielt den Scheck in die Höhe und rief: "Ich hab' ihn!" Unter tosendem Applaus setzte er sich selig auf seinen Platz und erzählte, daß er sich so verhalten habe, wie wir es eingeübt hatten. Ich empfahl ihm, die Körperspracheübung regelmäßig durchzuführen.

7. Phase: Die Anwendung im Leben

Ein anwesender Unternehmensberater nahm mich in der nächsten Pause zur Seite und sagte: "Was hier geschehen ist, Herr Galli, ist ein Wunder. Aber Sie können es niemandem erzählen, denn es würde Ihnen keiner glauben."
Seit Jahren schon führe ich in der Firma des Architekten regelmäßig Körpersprachetrainings durch. Er ist zutiefst von der positiven Wirkung der Körpersprachetrainings überzeugt.

Zweites Körpersprachespiel: "Ein Gewerkschaftskonflikt".

Ort
Seminarraum des Sheraton Hotel Vancouver, Canada
Veranstalter
Vancouver Board of Trade
Zeit
Anfang November 2001
Titel
Die Galli Methode als Konfliktlösung
Zielgruppe
Fünfzig Geschäftsleute aus der Führungsebene verschiedener Firmen aus der Provinz British Columbia, Canada. Das Training wurde in englischer Sprache durchgeführt.
Leitung
Johannes Galli

Nach einem etwa einstündigen Vortrag, wie meine Methode als Konfliktlösung einzusetzen sei, gab ich Raum, aktuelle Konflikte aus dem Geschäftsbereich mittels einer Spielszene zu lösen. Sofort meldete sich ein etwa vierzigjähriger Manager und beklagte sich, daß er nun schon viele Verhandlungen mit einem Vertreter der Gewerkschaft geführt habe, und sie es beide nicht schaffen, auf einen gemeinsamen Nenner zu kommen. Er sagte: "Die Uneinigkeiten und die Unstimmigkeiten sind einfach zu groß. Ich will eine Einigung vorantreiben und frage nun nach Rat, wie ich mittels körpersprachlicher Signale die tiefe Kluft zwischen mir und dem Gewerkschaftsvertreter überwinden kann."

1. Phase: Erfassen des Konfliktes

2. Phase: Die Spielerauswahl

Sofort meldete sich jemand aus den Reihen der begeisterten Zuschauer, die froh waren, nicht nur einen Vortrag zu hören, sondern auch den weitaus spannenderen Moment eines spontanen Spiels erleben zu können. Es meldete sich also ein Mann, der sagte, daß er viel mit Gewerkschaften zu tun habe und sich zutraue, die Rolle des Gewerkschaftsvertreters in der Spielszene zu übernehmen. Der Arbeitgeber, der den Konflikt bearbeiten wollte, und der Vertreter der Gewerkschaft kamen auf die Bühne, wo ich bereits zwei Stühle zurecht gestellt hatte. Noch bevor ich klären konnte, wer zu wem in welches Büro kommen sollte, da ich glaubte, daß die Begrüßungsszene von Wichtigkeit sei, setzten sich die Beiden auf die Stühle, und das Gespräch begann sofort. Sie vergaßen mich vollständig. Der Arbeitgeber begann über viele Argumente, die er wohl sicherlich nicht zum ersten mal formulierte, seine Position gegenüber dem Gewerkschaftler klarzustellen. Körpersprachlich aber geschah Folgendes: Der Gewerkschaftsvertreter kreuzte seine Beine übereinander, verschränkte die Hände vor der Brust und bildete so eine undurchdringliche Barriere gegenüber dem Arbeitgeber. Alle Argumente, die der Arbeitgeber formulierte, prallten förmlich an ihm ab. Der Arbeitgeber mühte sich, er öffnete die Arme und verschloß sie wieder, er untermalte gestenreich seinen Redebeitrag, aber er hatte keine Chance. Auffällig allerdings war, daß der Arbeitgeber die Beine übereinandergeschlagen hielt, also im Grunde ebenfalls verschlossen war. Nicht ein einziges Mal nahmen die Beiden die gleiche oder auch nur eine ähnliche Körperhaltung ein. Es war offensichtlich, daß der Gewerkschaftler während meiner Rede gut zugehört hatte und nun bereits das, was er gelernt hatte, geschickt anwandte.

3. Phase: Das wirklichkeitsnahe Spiel

Ich unterbrach das Spiel der Beiden, das sich festgelaufen hatte, und stellte klar, was das Ziel dieser wirklichkeitsnahen Szene sei: Die Spieler sollten eine gleiche oder zumindest ähnliche körpersprachliche Position einnehmen, um von dort aus eine Lösung zu finden.

4. Phase: Das transformierende Spiel

Im folgenden transformierenden Spiel empfahl ich nun dem Arbeitgeber, sich körpersprachlich zu öffnen. Ich schlug ihm vor, er solle seine Beine parallel auf den Boden stellen und die Arme locker zu beiden Seiten des Körpers halten und die Hände entspannt auf die Oberschenkel legen mit den Handflächen nach oben, so daß eine einladende Geste entsteht. Der Arbeitgeber signalisierte mir, daß es für ihn absurd sei, sich in dieser Position auf den Stuhl zu setzen, aber ich beharrte darauf, daß er aus seinen alten Gewohnheiten ausbrechen solle und einmal etwas Neues versuchen solle. Der Arbeitgeber mühte sich nun, die für ihn völlig ungewohnte neue Körperhaltung einzunehmen, und dann kam das für das Publikum Überraschende: Schon in diesem ersten und noch sehr widerwillig durchgeführten Versuch des Arbeitgebers, sich körpersprachlich zu öffnen, war beim Gewerkschaftler eine Unruhe zu spüren.

Ich spürte, daß er mit geöffneter Körperhaltung des Arbeitgebers seine eigene abwehrende und abweisende Haltung nicht mehr aufrechterhalten konnte. Ich motivierte nun den Arbeitgeber, sich körpersprachlich noch weiter zu öffnen und laut hörbar durchzuatmen und freundlich zu lächeln. Er blickte mich hilfesuchend an, etwa mit dem Ausdruck, daß ich ihn doch bitte nicht weiter quälen solle, aber ich beharrte darauf, und schließlich tat er es. Die Wirkung war phantastisch: Sofort öffnete sich auch der Gewerkschaftsvertreter, und

5. Phase: Die Lösung erscheint

nun waren sich beide auch im verbalen Bereich innerhalb kürzester Zeit klar. Sie rangen nun Schulter an Schulter mit den Vereinbarungen und schon nach einem kurzen Gespräch unterschrieben beide, wohlgemerkt pantomimisch, einen Vertrag.

6. Phase: Die Lösung wird wirklichkeitsnah gespielt

Ich erläuterte den beiden und auch dem Publikum, wie wichtig es sei, wenn man sich mit jemandem einigen will, auch einmal zu versuchen, in eine ähnliche Körperhaltung wie die der Gesprächspartnerin oder des Gesprächspartners hineinzuschlüpfen, um von dort aus körpersprachlich die Grundlagen für eine Einigung schaffen zu können.

Unter großem Applaus verließen die beiden Spieler die Bühne. Beiden legte ich die Körperspracheübung ans Herz, um die erspielte Erkenntnis nicht mehr zu vergessen, sondern immer weiter ins Leben hineinwirken zu lassen.

7. Phase: Die Anwendung im Leben

Nach eineinhalb Wochen erhielt ich ein Email, in dem der "Arbeitgeber" mir bestätigte, daß die folgenden Verhandlungen so positiv verlaufen seien, daß jetzt in der Tat eine gemeinsame Lösung gefunden worden sei. Er bedankte sich noch einmal recht herzlich. Es war ihm offenbar geglückt, das Erlebnis, das er im Spiel auf der Bühne gemacht hatte, in seinem Alltag umzusetzen.

Drittes Körpersprachespiel: "Sexuelle Belästigung am Arbeitsplatz".

Ort
Seminarraum der University Vancouver, Canada
Veranstalter
Lateinamerikanisches Management Programm: Interkulturelle Kommunikation für Manager aus Canada und Manager aus Lateinamerika
Zeit
Anfang November 2001
Titel
Die Galli Methode als Konfliktlösung angewandt im Bereich Interkulturelle Kommunikation
Zielgruppe
Etwa dreißig Manager im Alter von ungefähr dreißig Jahren, davon etwas weniger als die Hälfte Frauen. Ca. die Hälfte waren Kanadier, die andere Hälfte stammte aus Ländern Lateinamerikas. Die Teilnehmer verfügten über einen Universitätsabschluß und wurden in diesem Projekt auf ihre internationalen Managementaufgaben vorbereitet. Das Training wurde in englischer Sprache durchgeführt.
Leitung
Johannes Galli

1. Phase: Erfassen des Konfliktes

Nach einem etwa halbstündigen Vortrag über die Wichtigkeit, auf körpersprachliche Signale zu achten, faßte sich eine attraktive, südamerikanische Frau Mitte zwanzig ein Herz und erzählte ihr Problem: "Ich war als Angestellte einer Firma in eine fremde Stadt gezogen und sah mich vor die Schwierigkeit gestellt, meinen Chef, der mir dauernd zu nahe kam und der mich jeden Abend zum Essen einladen wollte, nicht zurückzuweisen und ihn dabei zu verletzen, um den Job auch nicht zu verlieren, sondern ich wollte ihm lediglich klarmachen, daß zwischen uns nur eine geschäftliche Ebene möglich sei. Bei meinem damaligen Job ist mir das nicht gelungen. Die Situation war so unerträglich geworden, daß ich die Firma verließ. Nun will ich mich gut auf den neuen Job beziehungsweise den neuen Chef vorbereiten und ich frage, was ich körpersprachlich für Möglichkeiten habe, eine solche Situation, in die ich immer wieder gerate, zu meistern."

Natürlich gefiel dieses Thema allen Anwesenden, denn Erotik am Arbeitsplatz ist nun mal ein heißes Thema, und wann bekommt man denn schon die Möglichkeit, offen und ehrlich nicht nur darüber zu reden, sondern auch spielerisch an diesem Thema herumzuexperimentieren?

2. Phase: Die Spielerauswahl

Schnell war ein männlicher Mitstudent gefunden, der nun die Aufgabe hatte, den Boß darzustellen, der die neu Angestellte in Bedrängnis zu bringen hatte. Der temperamentvolle Südamerikaner sagte, daß er gerne einen Boß spielen wollte, der herrlich aufdringlich sei.

Es wurden zwei Stühle auf der Bühne so positioniert, daß sich die Beiden schräg gegenüber saßen, und das wirklichkeitsnahe Spiel konnte beginnen.

3. Phase: Das wirklichkeitsnahe Spiel

Sofort näherte sich der Boß seiner Angestellten, sowohl körpersprachlich als auch durch eine sehr verführerische, tiefe Stimme. Er fragte sie, wie es ihr denn alleine in der fremden Stadt ginge und bot ihr an, behilflich zu sein. Sie wirkte etwas verunsichert und strich sich mit der rechten Hand auf der linken Seite des Kopfes ihr blondes, langes, offenes Haar hinters Ohr. Dies machte ihn nun regelrecht "wild". Er senkte seine Stimme noch tiefer, seine Körperhaltung war offen und er beugte

sich plötzlich vor, um ihr näher zu sein. Dann griff er nach ihr. Es war eine nette Geste, so als wolle er ihr helfen, noch eine Strähne, die sie nicht erreicht hatte, ebenfalls hinters Ohr zu klemmen und so berührte er ihr Haar.
Das Publikum lachte, die Spieler ebenfalls, und ich brach die Spielszene ab. Die junge Dame war entsetzt, als ihr nun im Gespräch klar wurde, daß sie ein sehr eindeutiges körpersprachliches Zeichen gesendet hatte. Es war klar: Mit dieser Geste, die sehr weiblich lockend war, da sich ihre Brüste nach vorne reckten, erweckte sie bei ihrem männlichen Mitspieler, dem Boß, das Gefühl, sie wäre "leicht zu haben". Dieser nahm ihre körpersprachlichen Zeichen ernst und reagierte darauf mit einer Berührung.

4. Phase: Das transformierende Spiel

Ich gab nun der Spielerin die Aufgabe, im folgenden Körpersprachespiel während des Gesprächs wachsam auf ihre Körpersprache zu achten, ihren eigenen Atemrhythmus zu behalten und ihrem Boß gegenüber freundlich, aber distanziert zu bleiben. Anfangs rief ich mehrmals "Stop!", worauf beide erstarrten und ich erläutern konnte, wie die beiden Körper kommunizierten.

5. Phase: Die Lösung erscheint

Die Spielerin hielt sich an meine Anweisungen, und sofort bemerkte der Boß, daß "hier nichts mehr zu machen sei", wie er in einer Seitenbemerkung mir gegenüber äußerte. Er wechselte vom freundschaftlichen Ton in einen geschäftlichen Ton, wechselte das Thema und kam auf das Geschäft zu sprechen. Die junge Frau war völlig überrascht, wie klar es ihr gelungen war, die geschäftliche Ebene zu halten und auf weibliche Anerkennungslust zu verzichten.
Die Frau erkannte nach dem Spiel und formulierte das auch, daß ihr bewußt geworden war, daß sie

selbst die Situation, in der sie ist, beeinflussen kann. Nach dem ersten Scheitern war sie wacher im Umgang mit ihrer Körpersprache und konnte so Herrin der Situation bleiben.

6. Phase: Die Lösung wird wirklichkeitsnah gespielt

Die Spielerin war nun in der Lage, das Gespräch freundlich, aber innerlich dennoch distanziert zu führen, sie empfand es als angenehm, aufrecht zu sitzen, die Beine zu überkreuzen und die Arme locker auf die Armlehne des Stuhles zu legen. So konnte sie den Worten des Chefs folgen und da sie körpersprachlich ihm gegenüber verschlossen war, konnte sie seine Versuche der privaten Annäherung locker und freundlich ablehnen, ohne ihn ärgerlich zu stimmen, so daß er wieder zum Geschäftsgespräch überging.
Es war spannend zu beobachten, wie eine einfache Erhöhung des Bewußtseins für die Situation und eine klare körpersprachliche Abgrenzung der Frau half, sich sicherer zu verhalten.

7. Phase: Die Anwendung im Leben

Ich empfahl ihr an dieser Stelle, regelmäßig die Körperspracheübung durchzuführen.
Wochen später schrieb sie mir in einem Email, daß sie so dankbar sei, da sie einen Schlüssel empfangen habe, mit dem sie Situationen besser verstehen könne und aus diesem Grunde auch besser reagieren könne. Mit ihrem Chef komme sie hervorragend klar. Sie lud mich ein, in ihrer Firma ein Körpersprachetraining durchzuführen, da sie bei ihren Kollegen und Kolleginnen größtes Interesse geweckt hatte.

Drei Fallbeispiele zum Verstärkungsspiel.

Erstes Verstärkungsspiel: "Der schockierte Japaner".

Ort
Seminarraum des Royal Oak College Vancouver (Hochschule für Architektur und Design), British Columbia, Canada
Veranstalter
Hochschule für Architektur und Design, Vancouver
Zeit
Mitte Januar 2002
Titel
Interkulturelle Kommunikation und Körpersprache - Ein Tagestraining
Zielgruppe
Etwa dreißig japanische Architektur- und Designstudenten im Alter von zwanzig bis dreißig Jahren, davon neun Frauen. Hinzu kamen noch fünf kanadische und drei deutsche Manager, die sich spontan dem Training angeschlossen hatten und somit garantierten, daß interkulturelle Fragestellungen spielerisch angegangen werden konnten. Das Training wurde in englischer Sprache durchgeführt.
Leitung
Johannes Galli

Während des Körpersprachetrainings, das sich natürlich um das Thema interkulturelle Begegnung von Japanern, Deutschen und Kanadiern drehte, war mir während einer allgemeinen Begrüßungsübung aufgefallen, daß es eine große Konfusion gab. Die Frage nämlich war, wie können sich ein Deutscher und ein Japaner begrüßen, ohne daß die eine oder andere Kultur zurückstecken muß. Im japanischen Kulturraum verneigen sich die Menschen bei der Begrüßung voreinander. Im kanadischen und auch amerikanischen Kulturraum nicken sich die Menschen entweder freundlich zu oder reichen sich sogar wie im europäischen Kulturraum die Hand zum Gruß.

1. Phase: Erfassen des Konfliktes

Der Konflikt lautete also: Wie können sich die Vertreter beider Kulturen treffen, ohne daß sich der eine oder der andere verletzt fühlt.

2. Phase: Die Spielerauswahl

Schnell hatten sich zwei Spieler gefunden, ein großer, blonder Deutscher und ein eher zierlicher kleiner Japaner.

Das Thema, das die Spieler sich als Hintergrund für ihre Begrüßung ausgedacht hatten, war: Ein deutscher Firmenchef sucht einen Designer und Architekten für ein außergewöhnliches Projekt.

3. Phase: Das wirklichkeitsnahe Spiel

Die spontane Begrüßung mißglückte. Der Japaner verneigte sich, und der Deutsche streckte ihm die Hand entgegen. Etwas verwirrt nahm der Japaner die Hand, als dann im Begrüßungsgespräch der Deutsche plötzlich auf den Japaner zuging, erschrak dieser. In seinem Kulturraum herrscht ein größerer Abstand, wenn die Menschen miteinander sprechen, als im europäischen Kulturraum.

Ich griff ein und schlug als transformierendes Spiel vor, immer wieder den für beide stimmigen Körperabstand zu üben.

4. Phase: Das transformierende Spiel

Immer wieder kamen sie aufeinander zu und äußerten dann ihr Befinden. So sagte der Deutsche, er empfinde es als eine große Distanziertheit und wertete es als niedrige Motivation, wenn der Japaner so weit weg stünde. Der Japaner erschrak, als der Deutsche so nah kam und fürchtete, "verschlungen" zu werden. Beiden fiel es wie Schuppen von den Augen, wie stark sie durch ihre verschiedene kulturelle Herkunft bestimmt wurden. Vor allem der Japaner erschrak immer wieder, wenn der große Deutsche zum Gruß entschlossen auf ihn zutrat. Dieses Gefühl verließ den Japaner trotz mehrerer Wiederholungen nicht. Ich fragte ihn, ob er Verstärkung wünsche. Noch bevor er antworten konnte, erhielt er Verstärkung von seinem Freund, der sich nun auf meinen Hinweis hin hinter den erschrockenen Japaner stellte und ihm seine Hände links und rechts auf die Lenden legte. Dies reichte schon. Bei der folgenden Begrüßung erschrak der Japaner nicht mehr. Er wurde ruhiger.

Nach einem weiteren Gespräch und noch einer körpersprachlichen Übung zum Abstand hatten der Japaner und der Deutsche begriffen, wie viele Mißverständnisse durch eine unsensible Körpersprache ausgelöst werden können. Nun, nachdem der "verstärkende" Japaner sich freundlich lächelnd wieder verabschiedet hatte, war den beiden Akteuren klar, daß sie eine Lösung finden mußten, die beiden Kulturen den nötigen Respekt entgegen bringt.

5. Phase: Die Lösung erscheint

Völlig spontan und ohne es sich zu überlegen, erschien ihnen die Lösung: Der Japaner verneigte sich höflich, daraufhin verneigte sich auch der Deutsche höflich, nun schritten sie beide aufeinander zu, und der Japaner stellte sich mit Namen vor, der Deutsche stellte sich mit Namen vor und beide sagten: "Nice to meet you" und schüttelten sich die Hände. Beide fühlten sich akzeptiert und respektiert. Sie hatten eine Möglichkeit gefunden, beide kulturell geprägten Begrüßungsrituale so zu kombinieren, daß sie gleichwertig nebeneinander standen.

6. Phase: Die Lösung wird wirklichkeitsnah gespielt

Sie wiederholten das Spiel noch einmal und wieder fühlten sich beide respektiert.

Selbstverständlich empfahl ich dem Japaner die Lektüre meines Buches: "Interkulturelle Kommunikation und Körpersprache" und die Übungen daraus regelmäßig durchzuführen.

7. Phase: Die Anwendung im Leben

Einige Wochen später traf ich beim Abendessen in einem japanischen Lokal den Japaner wieder, und er erzählte mir, daß er den Konflikt, den er mit einem amerikanischen Professor an der Hochschule hatte, aufgrund der interkulturellen Übung in meinem Workshop und der daraus erwachsenen Erkenntnis auflösen konnte.

Zweites Verstärkungsspiel: "Der eklige Duft".

Ort
Alliance for Arts and Culture, Vancouver, British Columbia, Canada
Veranstalter
Galli Publishing and Agency Inc., Canada
Zeit
Januar 2002
Titel
Körpersprache und Kommunikation - Ein Wochenendworkshop
Zielgruppe
Künstler und Ärzte, alternative Heiler. Vier Männer und acht Frauen, alle im Alter zwischen dreißig und fünfzig Jahren.
Der Workshop fand in englischer Sprache statt.
Leitung
Johannes Galli

1. Phase: Erfassen des Konfliktes

Kaum hatte ich die grundlegende These meiner Methode erläutert, da meldete sich eine etwa vierzigjährige Frau, sehr klein und zart gebaut, und erzählte ihr Problem: "Ich habe ein eigentlich sehr kleines Problem, das ich aber als ein sehr großes Problem erlebe: Die Toiletten an meinem Arbeitsplatz sind mit Duftspendern bestückt, deren Duft bei mir im Mund- und Rachenraum eine Allergie hervorruft. Ich bekomme Bläschen und habe Angst, daß diese Allergie sich immer weiter ausbreitet und auch die Luftröhre beeinträchtigt. Vor einem Jahr habe ich schon einmal mit meiner sehr strengen Chefin darüber gesprochen, aber sie war nicht gewillt, Abhilfe zu schaffen. Die Arbeit wird für mich immer mehr zu einem Leidensgang, und deshalb will ich jetzt noch einmal mit der Chefin sprechen und hoffe, daß es diesmal effektiver wird."

Der Konflikt war also sehr klar und eindeutig geschildert worden.

2. Phase: Die Spielerauswahl

Schnell war eine Spielerin gefunden, die laut Aussage der Konfliktträgerin, wir nennen sie hier einmal Victoria, sie an ihre Chefin erinnerte.

3. Phase: Das wirklichkeitsnahe Spiel

Die Beiden setzten sich auf der Bühne gegenüber, und das Spiel begann. Sehr wirklichkeitsnah spielte Victoria, wie sie sich bei ihrer Chefin sehr umständlich beschwerte, dabei sehr viele andere Namen von Personen erwähnte, mit denen sie schon über das Problem gesprochen hatte. Eigentlich erweckte sie eher den Eindruck, eine breit angelegte Anklage vorzutragen, anstatt eine Bitte zu formulieren. Dementsprechend war auch ihre Chefin abweisend und zeigte mit allen körpersprachlichen Signalen ihre Verschlossenheit gegenüber Victorias Problem.

Ich versuchte, Victoria zu überzeugen, daß eine einfach vorgetragene Bitte weitaus wirksamer ist,

4. Phase: Das transformierende Spiel

als eine so breit angelegte Beschwerde. Obwohl Victoria es einsah, gelang es ihr nicht, im transformierenden Spiel eine Bitte zu formulieren.

Es wurde ihr eine Spielerin beiseite gestellt, die ihr im entscheidenden Moment immer wieder einflüsterte: "Bitte helfen Sie mir!"

Als es Victoria schließlich mit Hilfe der spielerischen Verstärkung gelang, die Bitte vorzutragen,

5. Phase: Die Lösung erscheint

öffnete sich die Chefin sofort, was körpersprachlich gut sichtbar war, denn sie löste ihre übereinandergeschlagenen Beine voneinander und die über der Brust verschränkten Arme ebenfalls. Völlig verblüfft stellte Victoria fest, daß sie nun Zugang zur Chefin hatte, und zwischen den Beiden entspann sich ein Gespräch, in dem beide um eine vernünftige Lösung des Problems rangen.

Eine einfache Bitte vorzutragen ist wirkungsvoller, als eine groß angelegte Beschwerde, die man dann als Forderung vorträgt.

6. Phase: Die Lösung wird wirklichkeitsnah gespielt

Nun war Victoria bereit, die Szene noch einmal alleine, also ohne einflüsternde Hilfe zu spielen. Es gelang Victoria sofort, den Punkt zu treffen, und die Chefin, die sich nun wieder vollständig verschlossen hatte, weil sie es Victoria aus Übungsgründen schwer machen wollte, war wieder sofort bereit, sich zu öffnen und gemeinsam über eine Lösung nachzudenken.

Ich empfahl Victoria, unbedingt die Körperspracheübung durchzuführen, um bewußter für Körpersprache zu werden, außerdem empfahl ich ihr noch die Atemübung und die Tanzmeditationen, die ihre Abwehr stärken sollten.

7. Phase: Die Anwendung im Leben

Drei Wochen später rief mich Victoria an und erzählte mir, daß das Gespräch mit ihrer Chefin tatsächlich stattgefunden habe und daß sie es geschafft habe, die Bitte ohne Vorwürfe vorzutragen. Der Erfolg war überwältigend. Es werden in dem Toilettenraum auf dem Stockwerk ab sofort keine Duftstoffe mehr verwendet. In den nächsten Wochen soll auch die Lüftung in den anderen Toilettenräumen verbessert werden, so daß auf Dauer ganz auf künstliche Duftstoffe verzichtet werden kann.

Drittes Verstärkungsspiel: "Heimzahlen wollen".

Ort
Galli Theater Toronto, Ontario, Canada
Veranstalter
Galli Publishing and Agency Inc., Canada
Zeit
Ende August 2001
Titel
Die Galli Methode als Konfliktlösung - Ein Tagestraining
Zielgruppe
Es war eine bunte Mischung aus Managern, Therapeuten und Trainern, die gekommen waren, um meine interaktive Methode der Konfliktlösung kennenzulernen. Siebzehn Teilnehmer, alle zwischen dreißig und vierzig Jahren alt, davon elf Frauen. Das Training fand in englischer Sprache statt.
Leitung
Johannes Galli

Nach meiner aufmunternden Rede gingen wir sogleich zu der konkreten Konfliktlösung über.
Eine junge Kanadierin etwa um die Anfang dreißig meldete sich zu Wort. Sie hatte gleich am Montag der kommenden Woche ein schwieriges Gespräch vor sich und wollte sich hierzu an Ort und Stelle körpersprachlich vorbereiten. Ihren Konflikt schilderte sie folgendermaßen: "Ich war teilzeitbeschäftigt in einer Reise- und Veranstaltungsfirma. Mein Vertrag lief nur noch wenige Monate, und ich hoffte nun auf eine Vollzeitbeschäftigung in der Firma. Kurz vor meinem Urlaub hatte dann mein Vorgesetzter, mit dem ich ein freundschaftliches Verhältnis pflegte, mir eine Vollzeitstelle zugesagt, und so konnte ich in

1. Phase: Erfassen des Konfliktes

Freuden für zwei Wochen Urlaub machen. Als ich jedoch zurückkam, mußte ich feststellen, daß der Job bereits an eine andere Person vergeben worden war, ohne daß ich benachrichtigt worden war. Mein Chef war für eine Woche verreist und nun wird er am kommenden Montag zurückkehren. Ich will nun herausfinden, wie ich mich am besten für diesen Vertrauensbruch rächen kann. Der Chef muß sich entschuldigen!"

Die Spielsituation war klar: Rita, so wollen wir die Dame einmal nennen, wollte das von ihr gewünschte Gespräch mit ihrem Chef hier an Ort und Stelle probeweise führen. Ein junger Manager meldete sich sofort, der Lust hatte, die Rolle des Vorgesetzten zu spielen.

2. Phase: Die Spielerauswahl

In der wirklichkeitsnahen Spielszene konnte man sehen, wie Rita bereits voller innerer Spannung auf eine Zusammenkunft mit dem Chef wartete, und wie dieser mit flüchtigem Gruß an ihr vorbeieilen wollte. Sie jedoch rief ihm hinterher und bat ihn in ihr Büro, um ihm dort im folgenden Gespräch ein schlechtes Gewissen zu machen. Sie saß während der gesamten Unterredung unbeweglich auf ihrem Stuhl, und er blieb ungerührt ob ihrer Verletztheit. Da die Kommunikationssituation offensichtlich festgefahren war, brach ich das Spiel ab und erklärte, daß keiner der Beiden für eine ehrliche und effektive Kommunikation offen sei. Dies konnte man an der geschlossenen Körperhaltung beider Akteure, die jede wirkliche Kommunikation abblockte, ablesen. Außerdem war ihr Atem flach, in ihrer Rede klang die Stimme verletzt, und es schwang immer ein anklagender Ton mit. Durch ihren starken Wunsch ("I want to make him feel bad!") erstickte sie jeden Impuls, der diese verstockte Kommunikation wieder

3. Phase: Das wirklichkeitsnahe Spiel

in Fluß gebracht hätte.
Ich gab Rita den Ratschlag, im folgenden Spiel Flexibilität und Offenheit zu signalisieren, dazu öfters die Körperhaltung zu wechseln und den Atem ruhig und tief fließen zu lassen. Nur durch Öffnen kann eine Lösung erkannt und zugelassen werden.

4. Phase: Das transformierende Spiel

Sie versuchte im folgenden Spiel tatsächlich, sich mehr zu bewegen und immer wieder ihre Position leicht zu verändern. Ihre Gesten waren jedoch noch sehr scheu und ließen auf eine große innere Verletztheit schließen. So schlug ich ihr also vor, daß sie sich eine Spielerin zur Verstärkung auswähle, die ihr dann den Rücken stärkte. Dies tat sie freudig und wählte sich eine etwa gleichaltrige Managerin, die sich hinter sie stellte und ihr leicht den Nacken massierte und tief und hörbar atmete. Es ging darum, daß Rita sich nicht von einer Emotion dominieren lassen sollte, sondern entspannt eine Situation auf ihre konkreten, immer wieder neuen Möglichkeiten ausloten sollte.

5. Phase: Die Lösung erscheint

Ich erklärte Rita, daß das Gespräch nun schon wesentlich harmonischer verlaufen war. Sie hatte diesmal aufgrund ihrer Unterstützung ihren Ärger weitaus besser unter Kontrolle gehabt.
Ärger ist zurückgehaltene Energie, die keine natürliche Gestaltungsmöglichkeit findet.
Rita fühlte sich nach der Verstärkung so stabilisiert, daß sie versuchen wollte, noch einmal "unverstärkt" mit dem Chef das anstehende Gespräch zu üben.

6. Phase: Die Lösung wird wirklichkeitsnah gespielt

Nachdem sich also die Verstärkung zurückgezogen hatte, gab ich Raum für eine weitere Spielszene. Wieder sprach Rita mit ihrem Chef, aber diesmal achtete sie darauf, durch verstärkte Bewegung und tiefes Durchatmen eine entspannte

Atmosphäre zu schaffen, in der nun sichtbar wirkliche Kommunikation möglich war. Rita ließ ihre Gefühle zu und offenbarte ihre Verletztheit, ohne jedoch einen anklagenden Unterton beizumischen. Durch die lockere Atmosphäre konnte der Chef nun auch sein eigenes schlechtes Gewissen zulassen und er erklärte Rita, wie es zu der Panne gekommen war. Er gab seinen Fehler zu, ihr den Job zu früh versprochen zu haben und entschuldigte sich mit einfachen und klaren Worten. Die Beiden trennten sich im Einvernehmen, und das Publikum applaudierte erleichtert.

Rita hatte es geschafft, nicht Opfer ihrer Emotionen zu bleiben, sondern durch ihr Annehmen der Situation eine Atmosphäre zu schaffen, in der eine wirklich entspannte Kommunikation möglich war. Dankbar verabschiedete sie sich nach dem Training und versprach, mir sofort nach dem Gespräch mitzuteilen, wie das Gespräch in Wirklichkeit verlaufen sei.

7. Phase: Die Anwendung im Leben

Tatsächlich erreichte mich drei Tage später ihre Meldung: Sie war überglücklich, denn ihr Gespräch mit ihrem Vorgesetzten hatte tatsächlich ergeben, daß er ihr im Laufe des Gesprächs einen neuen Job angeboten hatte. Dieser neue Job war sogar noch besser als der, der ihr zuvor versprochen worden war. Sie bedankte sich, daß sie gelernt hatte, sich ganz auf die Gesprächssituation einzulassen.

So war es ihr geglückt, ihrem eigentlichen Wunsch nach einem besseren Job zur Erfüllung zu verhelfen.

Drei Fallbeispiele zum Filmspiel.

Erstes Filmspiel: "Die Frau, die wie ein Mädchen geht".

Ort
Seminarraum im Hotel Waterfront, Seattle, USA
Veranstalter
Galli Publishing and Agency Inc., USA
Zeit
Ende Februar 2001
Titel
Körpersprache und Kommunikation - Ein Wochenendworkshop
Zielgruppe
Künstler und Ärzte, alternative Heiler, sieben Frauen, fünf Männer zwischen dreißig und vierzig Jahren. Der Workshop fand in englischer Sprache statt.
Leitung
Johannes Galli

1. Phase: Erfassen des Konfliktes

Eine etwa dreißigjährige, groß gewachsene, blonde Dame formulierte ihr Problem: "Als Chiropraktikerin kommen oft Patienten zu mir, die von ihren Freunden, Eltern oder Ehepartnern geschickt werden, die keine Lust mehr auf das ständige Gejammer wegen Rückenschmerzen oder ähnlicher Beschwerden haben. Diese Patienten sind selbst sehr mißtrauisch, ob eine chiropraktische Behandlung hilft. Mir gelingt es dann aber selten, diese Menschen wirklich zu behandeln, da ihnen das Vertrauen fehlt, und sie deshalb sehr schnell wieder versuchen, mir zu entwischen."

2. Phase: Die Spielerauswahl

Schnell waren aus dem amerikanischen, spielfreudigen Publikum einige Patienten gefunden, die sich in einem Wartezimmer versammelten. Die Aufgabe sollte sein, daß die junge Dame, wir nennen sie einmal Peggy, die Möglichkeit hätte, daran zu arbeiten, wie sie das Vertrauen ihrer mißtrauischen Patienten gewinnen könne.

3. Phase: Das wirklichkeitsnahe Spiel

Als sie das Behandlungszimmer, in dem die Patienten warteten, betrat, fiel mir sofort auf, daß sie wie ein Mädchen ging. Sie hatte einen sehr schüchternen leicht x-beinigen Gang, vielleicht so, wie ein Mädchen ihren Vater um Taschengeld bittet, wobei sie befürchtet, daß er es vielleicht ablehnen könnte.

Als sie sich dann hinsetzte, sprach sie mit einer sehr zarten, mädchenhaften Stimme zu der ersten Patientin. Alle drei Patientinnen, die nun im Laufe des wirklichkeitsnahen Spiels zu ihr kamen, verneinten nach dem Spiel meine Frage, ob sie zu der Chiropraktikerin Vertrauen gefaßt hätten.

4. Phase: Das transformierende Spiel

Im transformierenden Spiel ging es nun darum, daß Peggy übte, wie eine Frau zu gehen und wie eine Frau zu sprechen. Das heißt, die Beine gerade zu setzen, weibliche Würde auszustrahlen und klarer und lauter zu sprechen. Sehr schnell bemerkte ich, daß Peggy in Widerstand ging und schlug ihr deshalb ein Filmspiel vor: Sie sei in einem Hollywood Film und dort bewerbe sie sich mit einigen anderen um eine Filmrolle für ein Musical. Der mächtige Produzent, der sich inkognito in der Jury befände, würde entscheiden, nachdem er alle Bewerberinnen habe tanzen sehen und singen hören, wem er die Hauptrolle gebe. Schnell war gute Musik aufgelegt, und die Damen hatten teilweise verwegene Kleider angelegt. Es war ein tolles Spiel, und langsam wurde Peggy vom Spielfluß erfaßt und mitgerissen. Peggy legte ganz außer sich einen hinreißend flotten Tanz aufs Parkett und sang laut und lustig, daß es eine Freude war, zuzuhören und zuzusehen. Völlig zurecht entschied sich der Produzent nun für Peggy. Nach dem berechtigten Applaus für diese gelungene Filmszene verließen alle Spieler die Bühne. Nun forderte ich Peggy auf, sich noch einmal im wirklichkeitsnahen Spiel zu versuchen.

5. Phase: Die Lösung erscheint

Sie wiederholte das Spiel und, wie erwartet, verwandelte sie sich in eine würdevolle Frau, und alle drei Patientinnen, die vorher kein Vertrauen zu ihr fassen konnten, waren nun der Meinung, daß sich hier ein vollständig anderer Mensch präsentiert habe, der absolut kompetent wirkte. Diesem neuen Menschen würden sie unbedingt ihre Rücken- oder Hüftschmerzen anvertrauen. Peggy war sehr glücklich über diese überraschende und wirkungsvolle Veränderung ihres körpersprachlichen Grundausdrucks und sie nahm sich auf meinen Hinweis vor, die Körperspracheübung regelmäßig durchzuführen, besonders im Hinblick auf das Bewußtsein für ihre Beine. Dies sollte ihr ermöglichen, daß sie mit ihrem Bewußtsein ihre alten Muster, die sich noch in ihrem mädchenhaften Gang niederschlagen, überwindet.

6. Phase: Die Lösung wird wirklichkeitsnah gespielt

Peggy war so begeistert vom Spiel, daß sie gleich eine Theatergruppe ins Leben rief.
Wochen später teilte sie mir mit, daß ihr jener Workshop und das regelmäßige Durchführen der Körperspracheübung so geholfen habe, daß sich ihr Patientenstamm inzwischen verdoppelt habe.

7. Phase: Die Anwendung im Leben

Zweites Filmspiel: "Angst vor Beurteilung".

Ort
Galli Theater Toronto, Ontario, Canada
Veranstalter
Galli Publishing and Agency Inc., Canada
Zeit
Oktober 2001
Titel
Körpersprache und Kommunikation -
Ein Wochenendworkshop
Zielgruppe
Therapeuten, Geschäftsleute, Berater. Die ganze Gruppe war international zusammengesetzt und die Teilnehmer kamen aus: Canada, Jamaika, Somalia, Holland, Indien, Indonesien, Deutschland und den USA. Achtzehn Teilnehmer im Alter zwischen fünfundzwanzig und fünfundvierzig Jahren. Es waren elf Frauen und sieben Männer anwesend. Der Workshop fand in englischer Sprache statt.
Leitung
Johannes Galli

1. Phase: Erfassen des Konfliktes

Eine junge indonesische Tänzerin, die auffallend zart gebaut war, kam gleich zur Sache: "Ich habe Angst, von Menschen beurteilt zu werden, insbesondere von Frauen."
Ich schlug ihr folgende Situation vor: Bei einem Casting solle sie vor einer Jury von Frauen vortanzen. Sie war damit einverstanden, und ich spürte, daß sie ihren Konflikt sehr ernst nahm und wirklich lösen wollte. Sie wählte drei Frauen als Jurykomitee aus, die sie beurteilen sollten. Sofort meldeten sich drei Damen mit Begeisterung, denn andere zu beurteilen machte ihnen großen Spaß,

2. Phase: Die Spielerauswahl

wie sie freimütig gestanden.
Ohne Musik sollte Wendy, wie wir die junge Tänzerin einmal nennen wollen, einfach mit dem Vortanzen beginnen, doch Wendy war wie gelähmt, und an Tanzen war gar nicht zu denken. Eine etwas korpulente, mütterliche Dame aus der Jury half ihr, indem sie sagte, sie solle einfach ihre Angst tanzen. So begann Wendy, sich in einem eigenen Rhythmus zu bewegen. Die Jury gab ihr Anweisungen, die sie aufnahm, doch nach einer kurzen Weile verlor sie wieder den Mut. Obwohl die Jury sie bestärkte und lobte, brach sie den Tanz ab. Sie erklärte, sie glaube nicht, daß es ihnen wirklich gefalle.

3. Phase: Das wirklichkeitsnahe Spiel

Ich schlug nun ein Filmspiel vor. Da kam Stimmung im Raum auf, und sofort fanden sich ein Regisseur, ein Produzent und andere Bewerberinnen. Alle spielten hinreißend die Situation eines Castings in einem Hollywood Filmstudio. Es gab sogar einen Fotografen, der mit seiner Kamera echte Fotos machte und einen Kameramann, der, wie er sagte, Probeaufnahmen machen wollte und sich eine schwarze Aktentasche vor das Auge hielt. Wendy blühte auf. Sie spielte und tanzte beeindruckend. Es war deutlich zu spüren, daß sie die Bewunderung der Männer gebraucht hatte. Ihre Angst war zwar verschwunden, aber der Konflikt war noch nicht wirklich gelöst. Ich griff in den Aufbau dieses Filmspiels ein: Wendy sollte die Seite wechseln: Sie spielte nun die Dame aus der Jury, und die mütterliche, ältere, füllige Dame sollte sich tanzend bewerben. Die tat das auch sofort und tanzte so gut sie konnte. Es war wirklich rührend zu sehen, wie sie sich mühte, schön zu tanzen.

4. Phase: Das transformierende Spiel

Nach einer Weile bat ich Wendy, nun den Tanz

der mütterlichen Frau zu beurteilen. Wendy lobte ganz ergriffen die Tänzerin aus tiefstem Herzen. Dann sah ich einen Impuls durch Wendys Körper huschen und ich forderte sie auf, diesem Impuls sogleich zu folgen. Dies tat Wendy, sie erhob sich und umarmte die füllige Dame sehr intensiv. Die beiden verharrten eine Weile entspannt in dieser Position und atmeten gemeinsam tief ein und aus. Bei Wendy löste sich ein Block, sie schluchzte und weinte. Die Lösung war erschienen: Die Tänzerin hatte ihre Angst verloren, denn sie hatte es geschafft, ihren Gegensatz zu integrieren, in diesem Fall eine ältere, mütterliche, korpulente Dame zu umarmen. Wem es gelingt, sein Gegenteil zu integrieren, der verliert seine Angst.

5. Phase: Die Lösung erscheint

6. Phase: Die Lösung wird wirklichkeitsnah gespielt

Die Tänzerin Wendy war beeindruckt von der Wirkung des Spiels und wollte weiterhin mit meiner Methode arbeiten. So lud ich sie ein, an einem Theaterprojekt teilzunehmen, in dem die Probleme aller Teilnehmer und Teilnehmerinnen auf die Bühne gebracht werden sollten. Freudig nahm sie dieses Angebot an und nutzte somit die Möglichkeit, ihren Sieg über die Angst immer wieder im Spiel zu gestalten.

7. Phase: Die Anwendung im Leben

Drittes Filmspiel: "Frau als Ruhekissen".

Ort
Galli Theater Toronto, Ontario, Canada
Veranstalter
Galli Publishing and Agency Inc., Canada
Zeit
Mitte Oktober 2001
Titel
Die Galli Methode - Eine Einführung
Ein Tagestraining
Zielgruppe
Es waren einundzwanzig Teilnehmer anwesend, davon zwölf Frauen und neun Männer. Darunter waren Therapeuten, Ärzte, Manager, Lehrer und Künstler.
Das Training fand in englischer Sprache statt.
Leitung
Johannes Galli

Nach einführenden Übungen und dem üblichen aufwärmenden Tanzen gab ich Raum, um persönliche Konflikte zu bearbeiten. Eine Frau, etwa Mitte dreißig, von kleinem Wuchs und recht korpulent, berichtete von ihrem Problem: "Ich habe das Gefühl, immer von anderen unterdrückt und ausgenutzt zu werden."

1. Phase: Erfassen des Konfliktes

Ich fragte sie, was sie denn gerne tun würde, wenn sie nicht von anderen unterdrückt werden würde. Sie antwortete sofort: "Singen!"
Als wirklichkeitsnahes Spiel schlug ich ihr vor, sie solle vor uns ein Lied singen, eine Person aus dem Publikum allerdings solle sie streng und kritisch anschauen. Sue, wie wir die Dame einmal nennen wollen, wies auf die Zuschauerin Eileen, die wirklich sehr streng und abweisend schauen konnte.

2. Phase: Spielerauswahl

3. Phase: Das wirklichkeitsnahe Spiel

Dann begann Sue sogleich, ganz tapfer zu singen, aber sie schaffte es nicht. Immer wieder blickte sie angstvoll zu Eileen und irgendwann verstummte sie.

Nun bot ich ihr ein Filmspiel an, in dem es darum ginge, daß sie ihr Gesangstalent entdecken sollte. Eileen schlug eine Oper vor. Sue stimmte sofort zu, und Eileen entwickelte sofort die Geschichte: Beide Frauen sollten für einen begehrten Mann singen, und der sollte dann entscheiden, wen er erwählen wollte. Sue stand die ganze Zeit stumm auf der Bühne und nickte zu allem. Ich machte sie darauf aufmerksam, daß sie sich gerade wieder in einer unterdrückten Situation befände. Sie blickte mich erstaunt an, fand es aber in Ordnung, wie sie schulterzuckend signalisierte.

4. Phase: Das transformierende Spiel

Das Filmspiel begann furios. Schnell hatten sich alle drei in absurde Kostüme geworfen, und der Mann stolzierte wie ein Gockel über die Bühne. Es war klar, daß dies Eileens Auftritt war: Sie sang und tanzte völlig aufgedreht und stellte Sue wie eine Schachfigur mal hierhin, mal dorthin, stützte sich auf sie, lehnte sich an, legte sie schließlich auf den Boden und nutzte sie als ein großes Ruhekissen, auf das sie sich legte. Der Mann war entschieden, sang dies mit tiefer Stimme und reichte Eileen die Hand. Als die Beiden sich in einem herrlich komischen Liebesduett versprachen, für immer zusammenzubleiben und liebeslallend von der Bühne wankten, bemerkte Sue plötzlich, was gespielt wurde, und sie reagierte prompt. Sie sprang auf und begann zu singen: "Stop! In the name of love!" Sie sang mit einer so kräftigen Stimme und einem so wunderbaren Klang, daß die Akteure auf der Bühne wirklich stoppten, sich umdrehten und auf Sue blickten. Die sang nun im-

5. Phase: Die Lösung erscheint

mer weiter. Es sprudelte aus ihr heraus, sie sang in einer freien Melodie und freiem Text von ihrer Kindheit, von ihrer Jugend, von ihren Süchten und von der Tatsache, daß sie sich für sich selbst schämte. Ihr liefen die Tränen übers Gesicht und viele aus dem Publikum, ich eingeschlossen, bekamen Gänsehaut. Was Sue da sang und wie sie es sang, ließ einen nicht mehr los. Als sie geendet hatte und sich verneigte und alle wie wild applaudierten, trat der Mann auf sie zu, stellte sich neben sie, faßte sie bei der Hand und verneigte sich mit ihr in den Applaus hinein. Er hatte sich nun doch für Sue entschieden. Auch Eileen applaudierte neidlos und freute sich wie wir alle über Sues Durchbruch. Ich spürte, daß es nun das Beste wäre, eine Pause zu machen und auf weitere Phasen in diesem Prozeß zu verzichten. Sue war das Pausengespräch, und jeder und jede der Anwesenden ermutigten sie, unbedingt als Sängerin ihr Glück zu versuchen. Sue genoß es, soviel Aufmerksamkeit zu bekommen und hörte still zu, ihre Augen aber strahlten.

7. Phase: Die Anwendung im Leben

Nach neun Wochen erhielt ich ein Dankesschreiben und eine CD mit zwei Songs, die sie in einem Tonstudio aufgenommen hatte und als Demo CD an verschiedene Musikfirmen schickte.

Drei Fallbeispiele zum Märchenspiel.

Erstes Märchenspiel: "Dornröschenschlaf".

Ort
Hotel Wall Street, New York, USA
Veranstalter
Galli Publishing and Agency Inc., USA
Zeit
Mitte Juni 2001
Titel
Die Galli Methode - Ein einführender Tagesworkshop
Zielgruppe
Es waren vierzehn Teilnehmer da, vornehmlich Therapeuten, Ärzte, ein Friseur, eine Sekretärin und zwei Managementtrainer. Die Teilnehmer stammten teilweise aus Jamaika, Lateinamerika und den USA. Insgesamt waren acht Frauen und sechs Männer anwesend. Der Tagesworkshop wurde in englischer Sprache durchgeführt.
Leitung
Johannes Galli

In einem kurzen Vortrag über Märchen und Mythen, in dem ich deutlich machte, daß Märchen und Mythen Schlüssel enthielten, mit denen viele Probleme gelöst werden könnten, eröffnete ich diesen Workshop. Als ich Raum gab, durch das Märchenspiel eine Konfliktlösung herbeizuführen, meldete sich eine Frau Anfang fünfzig. "Ich habe als Trainerin große Schwierigkeiten, Werbung für meine eigenen Workshops zu machen und genügend Teilnehmer zu acquirieren."

1. Phase: Erfassen des Konfliktes

Es war offensichtlich, daß ihre Tatkraft blockiert

war. Ich bat sie, zu einem wirklichkeitsnahen Spiel auf die Bühne zu kommen, und ein Managementtrainer erhob sich spontan und spielte einen Interessenten für ihren Workshop. Elly, wie wir diese Dame einmal nennen wollen, wirkte während des Spiels wie abwesend. Sie war abgetrennt von ihrer Lebensfreude und war nicht bei der Sache.

2. Phase: Spielerauswahl

3. Phase: Das wirklichkeitsnahe Spiel

Für diesen Konflikt fiel mir spontan eine Entsprechung im Märchen- und Mythenbereich ein: Dornröschen. Elly befand sich gerade in der Phase des hundertjährigen Schlafes und konnte alleine aus diesem Schlaf nicht aufwachen, denn im Märchen war es ja ein Prinz, der sie nach hundert Jahren Schlaf wach küßte.

Als ich die Teilnehmerin fragte, was denn das Thema ihrer Workshops sei, sagte sie lachend: "Aufwachen!"

Ich bat sie sich einen Mann zu suchen, der im folgenden Spiel die Rolle des Prinzen übernehmen sollte. Sie wählte sich einen jungen, attraktiven Herrn aus Jamaika.

Ich gab die Spielsituation vor: Sie sollte auf einem Stuhl sitzen und die Augen wie im Schlaf geschlossen halten, er sollte ihr etwa drei Meter entfernt gegenüberstehen und sollte ihren Namen rufen. Sobald sie dann die Augen aufschlage, sollte er ihr näherkommen und sie schließlich wachküssen.

4. Phase: Das transformierende Spiel

Die beiden begannen sofort das Spiel. Er rief "Elly!", sie ließ jedoch die Augen geschlossen und reagierte nicht auf sein Rufen. Als sie nach mehrmaligem Rufen weiterhin nicht reagierte, blickte er mich sehr hilfesuchend an.

Das Publikum lachte.

Ich unterbrach die Szene und fragte Elly, warum sie die Augen nicht geöffnet hätte. Sie meinte, sie

hätte keinen Impuls gespürt, sie habe sich ganz in sich gefangen gefühlt. Ich erklärte ihr, daß sich um sie eine starke Dornenhecke gebildet hätte, die jeglichen Einfluß von außen abwehrte. Sogar den Ruf ihres Prinzen hatte sie nicht gehört.
Sie wiederholten die Spielszene, und wieder rief der Prinz ihren Namen. Sie wartete eine Weile, bis sie dann schließlich die Augen öffnete, ihm dauerte dies jedoch zu lange und er drehte sich einfach um und ging. Das Timing zwischen den beiden hatte wieder nicht gestimmt. Wieder hatte Elly ihn zu lange warten lassen. Ich erklärte Elly, daß dies Formen ihres Widerstandes seien. Sie wolle nichts geschehen lassen, sondern immer die Kontrolle behalten. Da es in einem Workshop auch darum ginge, etwas geschehen zu lassen, habe sie Angst, daß ihr Workshop ihr außer Kontrolle gerate und deswegen verhalte sie sich unbewußt so, daß sie keine Anmeldungen bekomme.
Die Aufgabe für Elly war offensichtlich. Sie mußte ihren Widerstand aufgeben und den Kuß geschehen lassen. Selbstverständlich erklärte ich dem Spieler, daß er sie nicht wirklich küssen sollte, sondern daß er kurz vor ihrem Mund stoppen sollte, da es lediglich um einen symbolischen Kuß ginge. Das Spiel begann, und der "Prinz" rief sie wieder beim Namen, und als sie dieses Mal die Augen aufschlug, begann er langsam, Schritt für Schritt, auf sie zuzugehen. Es gelang ihm, durch ihre Dornenhecke der Abwehr hindurchzukommen und sie zu "küssen". Als sein Mund nahe dem ihren war, hielt er inne. Sie ließ es geschehen, und beide verharrten einen Moment in dieser Position, um die Energie zu spüren.

5. Phase: Die Lösung erscheint

Dann beendete ich die Spielszene, und das Publikum applaudierte spontan und sichtlich erlöst nach

dieser spannenden Begegnung.
Elly war über und über rot und also gut durchblutet und ganz selig über diese neue Erfahrung.

6. Phase: Die Lösung wird wirklichkeitsnah gespielt

Im folgenden wirklichkeitsnahen Spiel kam wieder der Manager, der schon zu Beginn mit ihr gespielt hatte, aber Elly war diesmal nicht mehr wiederzuerkennen. Sie sprühte vor Witz und guter Laune, und es bestand gar kein Zweifel mehr, daß der Manager nun sofort einen Workshop bei ihr buchen würde.

7. Phase: Die Anwendung im Leben

Ich empfahl Elly die Körperspracheübung mit dem Schwerpunkt, das stimmige Timing in alltäglichen Situationen herauszufinden.
Wochen später berichtete mir Elly, daß sie ihren ersten Workshop mit achtzehn Teilnehmern schon hinter sich habe. Sie war offensichtlich aufgewacht.

Zweites Märchenspiel: "Der Froschwurf".

Ort
Sheraton Hotel, Los Angeles, USA
Veranstalter
Galli Publishing and Agency Inc., USA
Zeit
Anfang Mai 2001
Titel
Die Galli Methode als Konfliktlösung
Zielgruppe
Es waren Teilnehmer aus Theater- und Filmszene, Therapeuten und Berater anwesend. Sechzehn Teilnehmer insgesamt, davon neun Frauen und sieben Männer. Der Tageskurs fand in Englisch statt.
Leitung
Johannes Galli

Nach einer halbstündigen einführenden Rede über die Kernthese meiner Arbeit stellte ich kurz die sieben Phasen der Galli Methode als Konfliktlösung vor. Ich war kaum in der siebten Phase angelangt, da meldete sich eine Dame um die Mitte fünfzig und erläuterte ihr Problem: "Ich bin als Managementtrainerin und Motivationsrednerin tätig, aber der gewünschte Erfolg will sich nicht richtig einstellen, und ich vermute, das kommt daher, daß ich nicht über genügend Durchsetzungskraft verfüge."

1. Phase: Erfassen des Konfliktes

Als ich nachfragte, woher sie glaube, daß dieser Mangel komme, setzte sie diesen in Verbindung mit ihrer Kindheit, wo sie als hübsches Mädchen dauernd von den Eltern und deren Freunden wie ein Püppchen herumgezeigt und angefaßt wurde. Ihr wurde nicht erlaubt, Grenzen zu setzen.
Auf meine Frage nach ihrem Privatleben antwor-

tete sie, sie hätte einen "Frosch" als Lebenspartner. Diesen Begriff hatte sie von ihrer Freundin, die meine "Frog Prince" Inszenierung in Vancouver gesehen hatte.

Diese drei Hinweise ließen mich sofort auf das Märchen "Froschkönig" schließen, und die Lösung lag auf der Hand: Sie mußte üben, einen Mann an die Wand zu werfen. Sie mußte genau jene männliche Energie aktivieren, vor der sie sich fürchtete und die ihr so früh abgewöhnt worden war.

3. Phase: Das wirklichkeitsnahe Spiel

Zuerst aber ließ ich sie ihr Problem wirklichkeitsnah spielen. Dies war recht einfach. Ich bat sie, sie möge doch spontan hier und jetzt eine motivierende Rede halten. So begann sie sofort, ihre Rede zu halten, aber schon bald wurde ihr Problem sichtbar. Sie wich zurück, ihre Stimme wurde leiser, ihre Arme hingen plötzlich schlapp an ihrer Körperseite. Sie brach das Spiel verunsichert ab und sagte, die zurückhaltende Reaktion des Publikums habe sie entmutigt. Natürlich war das Publikum sehr aufmerksam beobachtend gewesen und hatte deswegen ihre Kommunikationsangebote zurückhaltend behandelt.

Nun erzählte ich ihr das Märchen vom Froschkönig und betonte jene Stelle, in der die Prinzessin den Frosch an die Wand wirft.

Lorraine, wie wir die Dame einmal nennen wollen, grinste, denn sie hatte sofort verstanden, daß ich für sie die Froschwandwurfszene ausgewählt hatte.

2. Phase: Die Spielerauswahl

Lorraine suchte sich einen Mann als Mitspieler aus, und ich bat die Spieler, die Begegnung zwischen Frosch und Prinzessin zu spielen. Er sollte sie bedrängen und das Versprechen, das sie ihm gegeben hatte, nämlich in ihrem Bett schlafen zu dürfen, einfordern. Sie sollte ihn zu einem ihr angemessenen Zeitpunkt packen und "an die Wand werfen".

4. Phase: Das transformierende Spiel

Das Spiel begann, und der Mann, der den Frosch spielen sollte, hatte große Probleme, aus sich herauszugehen, denn sexuelle Belästigung ist ein großes Thema allüberall. Dementsprechend kam auch Lorraine nicht in Schwung. Ich stellte dem Frosch einen zweiten Frosch zur Seite, der ihn heftig ermunterte, und nun klappte es besser. Eklig sabbernd und grabschend kam der Frosch auf sie zu und als er ihre Brüste betatschte, blickte Lorraine entsetzt auf mich in der Hoffnung, ich würde ihre Würde schützen, was ich aber nicht tat. Sie brauchte keinen männlichen Schutz von außen, sondern sie sollte lernen, ihren männlichen Schutz von innen zu aktivieren. Sie hatte verstanden. Mit einem Urschrei packte sie den verdutzten Grabscher am Kragen und stieß ihn mit einem Schwall heftiger Flüche von sich fort. Zum Glück war der Hinterfrosch noch auf der Bühne, um seinen stürzenden Vorderfrosch auffangen zu können. Es war vollbracht. Sie hatte es geschafft, ihre gesamte männliche Energie zu aktivieren und erfolgreich anzuwenden. Ja, unter dem Applaus des heiteren Publikums reichte sie sogar dem immer noch verdutzt dreinblickenden "Frosch" versöhnend die Hand. Als dieser dann lächelte, schimmerte der Prinz durch ihn hindurch.

5. Phase: Die Lösung erscheint

Nun wollte ich aber nicht warten, bis ihre Kraftwelle wieder verebbt sein würde, sondern ich wollte ihren Märchenspielerfolg nutzen. Also schlug ich gleich vor, sie solle nun noch einmal eine motivierende Rede halten. Keine Frage, daß Lorraine jetzt alle restlos begeisterte. Jetzt kamen ihre aktivierenden Bemerkungen zum Publikum aus dem Herzen. Jetzt wollte sie keine "Show abzie-

6. Phase: Die Lösung wird wirklichkeitsnah gespielt

hen", sondern in wirklichen Kontakt mit dem Publikum treten. Alle waren fasziniert von Lorraines Verwandlung.

7. Phase: Die Anwendung im Leben

Ich empfahl ihr die Körperspracheübung und die Atemübung, um den Erkenntnisschub, den sie eben erlebt hatte, auch in ihren beruflichen und privaten Alltag hinüberzuretten.

Wochen später schickte sie mir ein Email, in dem sie sich entschuldigte, daß sie so lange nichts von sich habe hören lassen, aber sie habe jetzt so viel Erfolg, daß sie kaum noch für etwas anderes Zeit habe.

Drittes Märchenspiel: "Rotkäppchen".

Ort
Shangrila Zentrum, Maui, Hawaii
Veranstalter
Galli Publishing and Agency Inc., USA
Zeit
Anfang Februar 2002
Titel
Die Galli Methode als Konfliktlösung - Ein Tagestraining
Zielgruppe
Die Gruppe der Teilnehmer bestand aus Therapeuten, Ärzten und Heilern. Es waren fünfzehn Teilnehmer gekommen, davon fünf Männer und zehn Frauen. Das Training fand in englischer Sprache statt.
Leitung
Johannes Galli

1. Phase: Erfassen des Konfliktes

Nach einem einstündigen Vortrag über die Galli Methode blieb noch vor der Mittagspause eine halbe Stunde Zeit. Ich fragte in die Runde, und da meldete sich ein etwa sechzigjähriger Mann, der sehr aufgeschwemmt wirkte. Direkt sprach ich ihn darauf an, und er sagte: "Ich bin manisch-depressiv und muß Tabletten nehmen, diese aber haben als Nebenwirkung, daß das Wasser im Körper zurückbleibt und deswegen bin ich so aufgeschwemmt."

3. Phase: Das wirklichkeitsnahe Spiel

Ich bat ihn, als wirklichkeitsnahes Spiel doch sowohl den manischen als auch den depressiven Zustand seiner Krankheit zu spielen. Eine Spielerauswahl war in diesem Stadium noch nicht nötig, da Phil, wie wir den Herrn einmal nennen wollen, sich sofort auf die Bühne begab und sich völlig depressiv hinsetzte und davon sprach, daß die große Dunkelheit über ihn komme. Da hatte ich schon eine Idee: Das war Rotkäppchen, das vom Wolf verschlungen worden war! So muß sich das verschlungene Rotkäppchen gefühlt haben: Völlig in der Dunkelheit. Als Phil dann seine manische Phase spielte und sich in seine Allmachtsphantasien mit glühenden Augen und immer schnellerer Rede hineinwebte, da wußte ich: So spricht der Wolf! Forsch fragte ich ihn, ob er sich vorstellen könne, eine junge Frau im Wald zu verführen. Da lachte er und sagte: "Wenn ich in meiner Allmachtsphase bin, dann stelle ich mir natürlich auch vor, daß ich Frauen verführen kann, so wie ich es will."

Natürlich war ihm das Gespräch und seine Offenbarung peinlich, aber ich spürte, daß er begriff, daß er die Chance seines Lebens hatte, um einen entscheidenden Sprung zu tun. Da ich tief an die heilende Kraft des Spiels und der Märchen glaube, ermutigte ich ihn freundlich zum Spiel. Zuerst sollte er den verführenden Wolf spielen. Er zierte sich und sagte, daß er nie im Leben eine Frau verführt hätte und nur Partnerschaften gehabt hätte, die gleichberechtigt gewesen wären. Da sprang ein etwa vierzigjähriger Therapeut auf und sagte: "Komm, ich helfe dir." Er warf Phil ein dunkles Seidentuch zu, das der sich umhängte. Als ich düstere Musik auflegte, zu der sich eine bildhübsche vierundzwanzigjährige Afroamerikanerin bewegte, da begannen Phils Augen zu funkeln. Er richtete sich auf und sprach mit so tiefer verführerischer Stimme, daß die schöne Dame zu mir blickte und sagte: "Wow, he is cool!" Das Publikum klatschte, und Phil war erstaunt, wie überzeugend er einen magischen Mann spielen konnte.

4. Phase: Das transformierende Spiel

Ich wollte aber unbedingt das Märchen weiter spielen lassen, um eine Heilung des Krankheitsbildes zu erreichen und bat eine ältere, etwa sechzigjährige Ärztin, sich neben ihn zu setzen, und über beide sollte Phil das schwarze Tuch breiten. Sie taten es und ich erläuterte: Jetzt bist du, Phil, das verschlungene Rotkäppchen, und neben dir sitzt deine Großmutter. Es wurde still unter dem Tuch, und dann waren Bewegungen zu sehen und dann wurde es wieder still unter dem Tuch. Dann schluchzte Phil. Ich hob vorsichtig das Tuch hoch, und da sahen wir alle, daß Phil sich ganz eng an die "Großmutter" geschmiegt hatte und weinte. Ich fragte ihn, wie ihm zumute sei, und er antwortete schluchzend, er habe zum ersten Mal in seinem Leben begriffen, daß er geduldig mit sich sein müsse. Ich wartete noch eine Weile, und als er fragte, warum er sich so wohl gefühlt habe, erläuterte ich: Rotkäppchen ist ein Symbol für das Gefühl des Menschen. Wenn sich also die Großmutter (Seele) und das Rotkäppchen (Gefühle) wieder verbinden, dann entsteht eine Ganzheit, die wir als psychische Gesundheit erleben. Viele Menschen halten ihre Gefühle abgetrennt von ihrer Seele und irren wie Rotkäppchen durch den Wald, bis der Wolf kommt. Aber eigentlich tut der Wolf etwas Gutes: Er verschlingt beide, und Gefühl und Seele finden sich in der Dunkelheit und bleiben zusammen, bis sie erlöst werden. So lange bleibt ihnen nur die Möglichkeit, zu warten.

5. Phase: Die Lösung erscheint

Es kostete mich einige Mühe, eine aufkeimende Diskussion über die Begriffe "Gefühle" und "Seele" auszubremsen. Ich wollte auf keinen Fall, daß das, was hier geschehen war, zerredet würde. Die "Großmutter" löste sich von Phil und setzte sich wieder ins Publikum, ihre "Arbeit" war getan, und

ich bedankte mich bei ihr.
Ich bat Phil nun, nach diesem Erlebnis nochmals über seine Krankheit zu sprechen.
Er stand auf der Bühne und wischte sich die Tränen aus den Augen, als er sagte: "Ich bin entschlossen: Ich werde die Tabletten absetzen, ich werde es schaffen, ich werde es schaffen."

6. Phase: Die Lösung wird wirklichkeitsnah gespielt

Keiner von uns hegte in diesem Moment Zweifel, daß er es schaffen würde. Er war seiner Krankheit auf die Spur gekommen und sein Wille, sich zu heilen, war erwacht.

7. Phase: Die Anwendung im Leben

Ich empfahl ihm als Übung, um sein heilendes Erlebnis weiter zu vertiefen, sich mit dem Märchen "Rotkäppchen" ausgiebig zu beschäftigen. Ich versprach ihm, so schnell wie möglich aus dem Galli Script "Märchen und Mythen - Die Sprache der Gefühle" das Kapitel "Rotkäppchen" zu übersetzen und ihm zuzusenden.

Drei Fallbeispiele zum Raum- und Zeitspiel.

Erstes Raum- und Zeitspiel: "Just call me Sir".

Ort
Galli Theater Toronto, Ontario, Canada
Veranstalter
Galli Publishing and Agency Inc., Canada
Zeit
Ende Oktober 2001
Titel
Körpersprache und Kommunikation - Ein Tagestraining
Zielgruppe
Manager der mittleren und oberen Führungsebene verschiedener kanadischer Firmen. Zwölf Teilnehmer, davon acht Männer und vier Frauen.
Das Training fand in englischer Sprache statt.
Leitung
Johannes Galli

1. Phase: Erfassen des Konfliktes

Gleich nachdem ich meine einführende Rede beendet hatte, meldete sich ein älterer Herr zu Wort: "Ich bin der Chef einer großen Abteilung einer der wichtigsten Banken Canadas. Vor einer Woche wurde mir ein Mitarbeiter "hilfreich zur Seite gestellt", damit ich Unterstützung hätte. Ich war darüber nicht sehr erfreut, denn der Mann, der mir da zugeordnet wurde, war über dreißig Jahre jünger, und die Aufgabe, die Abteilung in Ordnung zu bringen und meine elektronische Kommunikationskompetenz zu erhöhen, erlebte ich im ersten Moment als Demütigung. Ich verhielt mich und verhalte mich momentan diesem jungen Mann gegenüber sehr distanziert und zurückhaltend. Ich weiß nicht, wie ich mich in Zukunft verhalten soll."

2. Phase: Spielerauswahl

Nachdem der ältere Herr sich dann vorgestellt hatte, nennen wir ihn einmal Lester, sprang ein etwa dreißigjähriger Herr auf, stellte sich als Geschäftsführer einer Internet Firma vor und freute sich auf das Spiel, denn, so sagte er, er habe einen ganz ähnlichen Konflikt mit einem älteren Mitarbeiter.

3. Phase: Das wirklichkeitsnahe Spiel

Das wirklichkeitsnahe Spiel der Beiden zeigte den Konflikt ganz klar schon in den ersten Minuten. Als der junge Manager das Zimmer betrat, stellte er sich vor: "Hi, my name is Robert." Lester antwortete distanziert: "Hi, my name is Bill, but you can just call me Sir!"
Die Trainingsteilnehmer bogen sich vor Lachen, und der Konflikt war im ersten Dialog schon so präzise und messerscharf auf den Punkt gebracht, daß es nicht mehr nötig war, noch lange weiterzuspielen. Dennoch brach ich die Szene nicht ab und ließ die Spieler noch eine Weile spielen, damit sie sich aneinander gewöhnten. So geschah dann das, was alle erwartet hatten: Die Fronten verhärteten sich. Der junge Manager versuchte, um die Anerkennung des älteren Kollegen zu werben, der aber blockte brutal ab und distanzierte sich immer weiter.

4. Phase: Das transformierende Spiel

Schon als Lester die Bühne betrat, assoziierte ich das Bild eines Kapitäns. Dieser Assoziation folgend schlug ich beiden nun vor, daß sie sich in einem Raum- und Zeitspiel vorstellen sollten, Lester wäre der Kapitän eines großen Segelschiffes im sechzehnten Jahrhundert, und Robert sei der erste Offizier und beide stünden vor der schwierigen Situation, daß die Mannschaft meutere.
Begeistert griffen beide die Spielidee auf, und Lester stellte sich breitbeinig auf die Bühne, blickte

pantomimisch durch ein Fernrohr stolz in die Ferne, während Robert neben ihm auf der Kommandobrücke, die er durch zwei Stühle angedeutet hatte, stand und von dort aus ängstlich in die meuternde Masse blickte. Als meuternde Masse nahm er frech das Publikum ins Visier. Es war die gleiche Stimmung wie vorher. Lester, der alte Kapitän, war unerreichbar, starrte in die Ferne, während Robert das Problem der Meuterei ernst nahm und die Unruhe auf dem Schiff spürte und spielerisch sehr gut darstellte. Nach einer Weile fragte der Kapitän: "Warum sind Sie so unruhig?" Da antwortete Robert ganz ernst und tief bewegt: "Kapitän, die Mannschaft wetzt die Messer. Ich glaube, es wird wirklich gefährlich." Nun blickte auch Lester in die meuternde Mannschaft, und beide verständigten sich sofort, was zu tun sei. Mit einem Schlag war das Eis zwischen den Beiden gebrochen.

5. Phase: Die Lösung erscheint

Als beide spürten, daß sich die Energie zwischen ihnen geändert hatte, blickten sie auf mich und in ihren Blicken lag die Frage: "Es hat sich alles gelöst, sollen wir noch weiterspielen?"

In einem kurzen Dialog mit den Beiden arbeiteten wir heraus, daß, in dem Moment, als beide die wichtige Aufgabe, die sie unbedingt intelligent lösen mußten, in den Vordergrund stellten, sie ihre persönlichen Unstimmigkeiten über Bord werfen mußten.

6. Phase: Die Lösung wird wirklichkeitsnah gespielt

Beide waren froh, eine Lösung gefunden zu haben und spielten nun heiter und flachsend die reale Situation noch einmal durch. Ihnen wurde deutlich, daß sie nun, indem sie die gemeinsame Aufgabe ernst genommen hatten, einen völlig anderen Zugang zueinander gefunden hatten. Hier waren zwei Männer, die versuchten, ihre Gedanken und

ihre Gefühlskraft in den Dienst einer gemeinsamen Aufgabe zu stellen, eine gemeinsame Lösung zu entwickeln und dies auch so zu erleben.
In einem abschließenden Gespräch erklärte ich Lester noch einmal, wie ich aus meinem Blickwinkel das Spiel der Beiden erlebt hatte, und er stimmte mir in allen Bereichen zu, daß ihm die Lösung, wie er formulierte, unter die Haut gegangen sei. Es war nicht mehr nötig, auf den Transfer in seine wirkliche berufliche Situation hinzuweisen, denn er wollte bereits am nächsten Montag mit seinem neuen Kollegen "in echt" sprechen.

7. Phase: Die Anwendung im Leben

Am Dienstag erreichte mich ein Email, in dem Lester mir berichtete, daß es ihm geglückt sei, in einem langen und intensiven Gespräch mit seinem echten Kollegen die gleiche Energie zu erzeugen, wie er sie in unserem Training erlebt hatte. Ohne lange zu zögern, vermittelte er mir einen Auftrag bei seiner Bank, in dem er für seine gesamte Abteilung ein Körpersprache- und Kommunikationstraining bestellte.

Zweites Raum- und Zeitspiel: "Mann-Frau Balance auf anderem Stern".

Ort
Kongreßzentrum, Orlando, Florida, USA
Veranstalter
ASTD (American Society for Training and Development)
Zeit
Juni 2001
Titel
Die Galli Methode - Ein Tagestraining
Zielgruppe
Es waren etwa dreißig Teilnehmer anwesend, etwa die Hälfte Frauen. Es waren Trainer und Manager vertreten. Das Training fand in englischer Sprache statt.
Leitung
Johannes Galli

Ich hatte auf einer internationalen Trainingskonferenz vor etwa dreihundert Interessierten einen Vortrag gehalten. Danach wollte eine ganze Reihe Begeisterter mehr von meiner Methode wissen. Wir verabredeten uns für den nächsten Tag in einem der Kursräume des Kongreßzentrums.
Nach einleitenden Übungsserien, die den Sinn hatten, die Teilnehmer für Körpersprache und Körperbewußtsein zu sensibilisieren, fragte ich, wer einen privaten oder beruflichen Konflikt lösen wolle. Eine Frau meldete sich. Sie war Mitte vierzig, hatte eine eigene Berater- und Trainingsfirma und schilderte ihre Schwierigkeit, die sie mit ihrem Sohn hatte. "Auf der einen Seite bin ich Mutter für meinen sechsjährigen Sohn, auf der anderen Seite auch Vater, da ich alleinerziehend bin.

1. Phase: Erfassen des Konfliktes

Ich komme nicht klar mit diesen Rollen, sie schwächen mich und meine berufliche Präsenz leidet darunter.

2. Phase: Spielerauswahl

Für das wirklichkeitsnahe Spiel sollte sie sich einen Mitspieler suchen, der ihren Sohn darstellte. Sie wählte einen ungefähr fünfzig Jahre alten Manager.

3. Phase: Das wirklichkeitsnahe Spiel

Das Spiel begann und sehr schnell wurde klar, daß es ihr schwerfiel, im richtigen Moment in die von der Situation geforderte Energie umzuschalten. Sie konnte nicht steuern, wann sie männlich sein sollte, also die Vaterrolle annehmen sollte, und wann sie weiblich sein sollte, also die Mutterrolle annehmen sollte. Die Zuschauer lachten, denn es war offensichtlich, daß die Mutter nicht mehr wußte, in welcher Rolle sie sich gerade befand, ob sie wirklich noch Mutter sei, oder schon Geliebte geworden war. Ich unterbrach und wies darauf hin, daß das Spiel einen tieferen Konflikt offenbart hatte, nämlich ihren Umgang mit Männern. Sogleich bat ich die beiden, weiter zu spielen, diesmal als Geliebter und Geliebte. Der Mann rückte ihr näher und als er sich vorsichtig anschickte, seine Hände den ihren nahe zu bringen, versetzte diese Situation Laura, wie wir die Damen einmal nennen wollen, richtiggehend in Panik, und sie wehrte sich mit Händen und Füßen gegen die Hände, die sie berühren wollten.

Ich unterbrach das Spiel und gab ihr Raum, ihre heftige Reaktion zu erklären. Also erzählte sie, daß sie sich an eine Situation aus ihrer Jugend erinnert hatte, in der sie im Alter von dreizehn Jahren von einem Jungen heftig bedrängt wurde, ohne es zu wollen. Sie ließ es im Dunkeln, ob sie vergewaltigt worden war, und ich fragte nicht nach. In ihr hatte sich eine tiefe Angst vor Männern gebildet. Sie glaubte, von Männern benutzt und dann verlassen zu werden. Sie erklärte noch, daß sie in ihrem Leben hin und wieder Sex habe, aber ohne Zärtlichkeit, denn das ertrage sie nicht. Es war also klar: Aufgrund ihres schmerzhaften Erlebnisses, hatte sie ihr Herz verschlossen. Sie konnte zarte Berührungen nicht ertragen. Schon während sie gesprochen hatte und ihr Spielpartner noch neben ihr saß, hatte er sich "merkwürdig" bewegt, ganz versunken hatte er sich wie in Zeitlupe hin- und herbewegt. Das hatte bei mir spontan die Assoziation eines Menschen im Weltraum hervorgerufen.

Also schlug ich den beiden als transformierendes Spiel eine Zukunftsvision vor: Laura sei Astronautin, die auf der Venus landete, dort treffe sie auf ein menschlich aussehendes Wesen, das sie erforschen solle. Beide stimmten begeistert zu und während ich "Space Music" auflegte, hatte sie sich einen Rucksack auf den Rücken und einen Rucksack vor die Brust geschnallt und ein weißes Tuch als Helm um den Kopf gebunden. Ich verstand sofort ihre Kleidung. Zum einen erweckte sie im weitesten Sinne den Eindruck einer Astronautin, zum anderen aber war sie auf diese Weise gut geschützt.

4. Phase: Das transformierende Spiel

Dann begann das Spiel. Sehr langsam, bedächtig und ganz in Zeitlupe landete Laura auf der Venus, wo ihr der Venusmann ganz langsam entgegenkam. Was in den nächsten fünf Minuten geschah, war eine sehr, sehr zarte Annäherung zwischen zwei Wesen, die sich nicht kannten, aber die sich zutiefst respektierten. Bald hatte Laura den "Helm" und die beiden Rucksäcke entfernt und sich also immer weiter geöffnet.

Atemlos still waren die Zuschauer, die sahen, wie

sich die beiden sehr vorsichtig annäherten. Plötzlich sprachen die beiden Wesen miteinander, sie hatten ganz vergessen, daß das auf der Venus zwischen zwei fremden Wesen nicht so einfach möglich ist. Aber das machte nichts, denn das Spiel sollte doch nur Vorwand sein, damit Laura eine wirkliche Begegnung erfahren konnte.
Da sagte er: "Bleibst du hier?"
Mit ganz zarter Stimme antwortete sie: "Ich fürchte mich!"
Er sagte: "Ich bleibe bei dir!"
Ihr Gesicht zuckte, sie fragte mit gepreßtem Atem: "Wirklich?"
"Ja, ich beschütze dich!"

5. Phase: Die Lösung erscheint

Da gab es kein Halten mehr. Laura schluchzte heftig auf und dann flossen ihre Tränen und näßten das Hemd des Mannes, der sie in den Arm genommen hatte.
Auch bei den Zuschauern wurden die Augen feucht. Sie waren Zeugen, wie eine Frau ihr schmerzverschlossenes Herz geöffnet hatte. Als sich Lauras Schluchzen gelegt hatte und sie sich die Augen getrocknet hatte, da erinnerte ich sie sachte an die Aufgabe, ihr Erlebnis im wirklichkeitsnahen Spiel nochmals zu wiederholen. Laura stimmte dem zu. Sie sagte: "Nun bin ich also wieder auf der Erde."

6. Phase: Die Lösung wird wirklichkeitsnah gespielt

In ihrem Spiel mit dem Manager, der sich nun wieder in ihren Sohn gewandelt hatte, behielt Laura einen klaren Überblick und war streng, als der Sohn einmal über die Stränge schlug, ansonsten blieb sie mütterlich milde. Der Umgang mit ihrem Sohn war natürlich geworden.
Am Ende dieses Spiels bedankte ich mich nicht nur bei Laura, daß sie sich so weit geöffnet hatte, sondern auch bei dem Manager, der Enormes ge-

leistet hatte. Der winkte bescheiden ab und sagte: "Es ist mir eine Ehre, geholfen zu haben, außerdem habe ich viel gelernt und bei meiner Frau noch einiges gut zu machen."
Ich bat Laura, mir von der weiteren Entwicklung ihres Lebens zu berichten. Da sie tief beeindruckt war von ihrem Erlebnis im Training, war ich sicher, daß ich erfahren würde, wie es ihr im Leben weiter ergehen würde. In der Tat erreichte mich etwa drei Wochen später ein Email, in dem sie sich für die Hilfe bedankte. Sie erklärte, daß sie versuchte, sich seither im Alltag genauer zu beobachten, wie sich ihre Beziehung zu Männern verändert hatte, da sie, wie sie schrieb: "...mit offenem Herzen viel mehr fühlen kann...".

7. Phase: Die Anwendung im Leben

Ich antwortete ihr, daß sie unbedingt versuchen solle, diesen Bewußtseinsschub vom Workshop durch die Körperspracheübung noch weiter zu vertiefen.
Bei einem Treffen ein halbes Jahr später erzählte sie mir, sie habe einen wichtigen geschäftlichen Auftrag erhalten, und sie führe es darauf zurück, daß es ihr gelungen sei, sich sowohl weiblich als auch männlich zu zeigen und dadurch als ganzer Mensch anerkannt wurde und also genau jene Kraft entwickelt habe, die den Auftraggeber überzeugt habe.

Drittes Raum- und Zeitspiel: "Haremshierarchien".

Ort
Sheraton Hotel, Los Angeles, USA
Veranstalter
Galli Publishing and Agency Inc., USA
Zeit
Anfang Mai 2001
Titel
Die Galli Methode als Konfliktlösung
Ein Tagestraining
Zielgruppe
Es waren einundzwanzig Teilnehmer anwesend, davon zwölf Frauen und neun Männer, alle im Alter zwischen fünfundzwanzig und fünfundvierzig Jahren. Darunter waren Therapeuten, Ärzte, Manager, Lehrer und Künstler.
Das Training fand in englischer Sprache statt.
Leitung
Johannes Galli

Nach einigen sehr intensiven Konfliktlösungsspielen war die Atmosphäre in der Gruppe sehr warm und offen, und so meldete sich ein Teilnehmer zu Wort, der bis dahin sehr zurückhaltend gewesen war. Er meinte sein Leben sei im Moment drunter und drüber und er wüßte nicht mehr, wie er alles handhaben sollte. Er erläuterte das: "Ich bin Künstler und habe gleichzeitig Beziehungen zu mehreren Frauen, und ich fühle mich total überfordert, obwohl ich mich anstrenge, es allen Recht zu machen."

1. Phase: Erfassen des Konfliktes

Als wirklichkeitsnahes Spiel schlug ich ihm ein Treffen mit drei Frauen gleichzeitig vor.
Lachend schlug er die Hände über dem Kopf

zusammen, was wohl Zustimmung mit schwerem Herzen bedeutete.

2. Phase: Die Spielerauswahl

Der Künstler wählte sich also mit sicherer Hand drei Frauen für sein klärendes Gespräch aus: Eine etwa fünfzigjährige etwas korpulente Frau, jedoch sehr mächtig wirkend, eine Frau Mitte dreißig, quirlig lebendig, und eine junge hübsche einundzwanzig Jährige.

3. Phase: Das wirklichkeitsnahe Spiel

Im wirklichkeitsnahen Spiel begann der Herr nun nicht etwa damit, ein Gespräch zu führen, sondern er ging auf die älteste Frau zu und wollte diese gleich mit auf sein Zimmer nehmen. Die Älteste jedoch drehte sich empört ab und war offensichtlich mit der Situation nicht einverstanden. Die Jüngste kam hinzu und versuchte die Älteste zu überreden, doch mit ihm mitzugehen, das machte die Älteste aber nur noch aggressiver. Ich unterbrach das Spiel, da ich sah, daß die Spieler Hilfe brauchten, um dieses von Moral und Anstand so besetzte Thema vorurteilsfrei zu spielen. Es war deutlich geworden, daß der Künstler hier mit seiner Kunst am Ende war. Die Frauen brauchten eine klare Struktur, entlang der sie handeln konnten. Da kam mir die Idee, das ganze Problem zeitlich in die Vergangenheit und örtlich weiter in den Osten zu rücken.

4. Phase: Das transformierende Spiel

Ich schlug also vor zu spielen, wie ein Sultan am Abend drei Frauen aus seinem Harem zu sich ruft, um einen anregenden Abend zu verbringen. Ich dachte an eine Bauchtanzaufführung oder so ähnlich. Ich fragte die drei Damen, ob ihnen das Thema zu unangenehm wäre, sie verneinten und suchten schon Schals, um sich orientalisch herzurichten. Ich legte orientalische Musik auf und die wirkte auf alle ausgesprochen inspirierend. Vor allem der Sultan war ganz angetan, er hatte sich in aller Schnelle einen Turban um seinen Kopf gewunden und schritt mit großer Würde einher. Mit knapper Geste winkte er die Älteste zu sich und wies wieder mit knappen, aber sehr klaren Gesten jeder Frau ihren Platz zu. Und nun kam das Überraschende: Alle Frauen nahmen seine Anordnungen demütig an und machten genau das, was er ihnen gestisch klipp und klar andeutete. Durch ein langsames Abdrehen der Musik führte ich das Ende dieses weihevollen Spiels ein.

5. Phase: Die Lösung erscheint

Zur Überraschung der Zuschauer und hier vor allem der Zuschauerinnen, fanden alle drei Damen das Spiel faszinierend. Dies bewirkte ungläubige Blicke. Sei es denn nicht demütigend, in eine Reihe mit anderen Frauen eingereiht zu sein?
Die drei Frauen auf der Bühne, die noch in Kostümen standen, lachten und eine sagte: "Hier ist alles klar und offen. Im normalen, modernen Leben geschieht so vieles im Dunkeln." Eine andere Frau sagte: "Wer von uns Frauen weiß denn schon, auf welchem Platz sie bei ihrem Mann wirklich liegt?"
Nun wollte mir scheinen, daß das Gespräch sich in eine andere Richtung entwickelte, als ursprünglich gedacht war, und ich erläuterte, daß doch noch ausstand, die Lösung als wirklichkeitsnahes Spiel zu spielen. Die Spieler auf der Bühne demaskierten sich wieder und Nazim, wie wir den Sultan, beziehungsweise den indisch aussehenden Künstler, nennen wollen, stellte vier Stühle auf. Seinen eigenen und drei für "seine Frauen". Schon allein wie fürsorglich er den drei Frauen ihren Platz auf dem Stuhl angeboten hatte, war sehenswert. Da war eine Kraft in ihm erweckt worden, die ihn in einer neuen Klarheit zeigte.

6. Phase: Die Lösung wird wirklichkeitsnah gespielt

Ich brach das Spiel ab und sagte ihm, daß alles geglückt sei und das Problem gelöst. Alle Spieler waren erstaunt, aber stimmten mit mir überein, daß die Energie Nazims sich geändert habe. Darauf komme es an, erläuterte ich, daß spürbar eine Transformation der Energie geschieht und dies sei bei Nazim spürbar geschehen.

7. Phase: Die Anwendung im Leben

Einige Wochen später traf ich Nazim wieder, da er mir zu einem Vortrag in Toronto nachgereist war. Ich fragte ihn, wie es ihm in seinen Beziehungen ginge und er lachte freudestrahlend und meinte, er habe Ordnung geschaffen. Seit seinem Spiel damals sei ihm klargeworden, daß er mehr die Initiative ergreifen müsse. Er kaufte sich alles, was von der Galli Methode bislang ins Englische übersetzt worden war und versprach mir die Übungen regelmäßig durchzuführen.

Drei Fallbeispiele zum Kellerkinderspiel.

Erstes Kellerkinderspiel: "Suchtüberwindung".

Ort
Hotel Wall Street, New York, USA
Veranstalter
Galli Publishing and Agency Inc., USA
Zeit
Mitte Juni 2001
Titel
Die Galli Methode - Ein einführender Tagesworkshop.
Zielgruppe
Es waren vierzehn Teilnehmer da, vornehmlich Therapeuten, Ärzte, ein Friseur, eine Sekretärin und zwei Managementtrainer. Die Teilnehmer stammten teilweise aus Jamaika, Lateinamerika und den USA. Insgesamt waren acht Frauen und sechs Männer anwesend. Der Tagesworkshop wurde in englischer Sprache durchgeführt.
Leitung
Johannes Galli

Nach einer einführenden Rede über die Galli Methode als Konfliktlösung und die sieben Kellerkinder, die bereits eine rege Beteiligung und Lebendigkeit bei den Teilnehmern ausgelöst hatte, war das Eis schnell gebrochen und die Teilnehmer brachten mir großes Vertrauen entgegen. Die einführenden Übungen zu den sieben Kellerkindern hatten schon stattgefunden und die Teilnehmer hatten schon eine erste Bekanntschaft mit ihren eigenen sieben Kellerkindern gemacht.

Ich fragte nun, welche Teilnehmerin und welcher Teilnehmer einen Konflikt spielerisch bearbeiten möchte. Da meldete sich sofort eine junge Dame aus Somalia. Ihr Problem hatte sie schnell formuliert: "Ich rauche sehr viel und will nicht mehr rauchen."

1. Phase: Erfassen des Konfliktes

Das war ein löblicher Vorsatz, aber wie wir wissen, reicht ein Vorsatz bei weitem nicht aus, um so etwas Schwieriges wie eine Sucht zu überwinden. Auch der verneinende Satz, den die Teilnehmerin immer wieder äußerte: "Ich will nicht mehr rauchen!", ist sehr problematisch, denn er ist eher suchtfördernd als suchtüberwindend. Ich erläuterte das kurz: "Eine Verneinung wird von unserem Gefühl nicht verstanden, weil das Gefühl keine Verneinung fühlen kann. Das heißt, wenn die Teilnehmerin dauernd zu sich selbst sagt, daß sie nicht mehr rauchen will, entsteht das Bild eines rauchenden Menschen vor ihrem inneren Auge, denn das Gefühl besteht nur aus inneren Bildern. Bilder kann man nicht verneinen. Sabah, wie wir die Dame einmal nennen wollen, nickte verständnisvoll, wollte aber gleich etwas spielen.

Also schlug ich vor, als erstes eine typische Situation, in der sie raucht, zu spielen.

Sie wollte eine private Situation spielen und entwickelte die Szene selbst. Sie ist Zuhause und wartet auf ihren Mann. Sie raucht, dann kommt ihr Mann von der Arbeit nach Hause.

2. Phase: Die Spielerauswahl

Sie wählte sich dann einen fünfzigjährigen männlichen Spieler aus, und das Spiel begann.

3. Phase: Das wirklichkeitsnahe Spiel

Es wurde schnell deutlich, daß sie mit dem Rauchen Unsicherheiten kaschierte, die sie im Umgang mit ihrem Mann hatte. Immer wieder startete sie ein Kommunikationsangebot an ihren Mann. Zuerst fragte sie ihn, wie es ihm während seiner

Arbeit ergangen sei, dann bot sie ihm an, über ihre gemeinsame neunjährige Tochter etwas zu erzählen, dann wollte sie etwas von ihrer Hausarbeit erzählen. Der Mann spielte, daß er müde sei, er habe den ganzen Tag gearbeitet und könne und wolle nicht auf sie eingehen, da griff sie zur Zigarette...

4. Phase: Das transformierende Spiel

Als transformierendes Spiel schlug ich nun eine Kellerkinderaufstellung vor. Mit Hilfe einer Kellerkinderaufstellung kann man ganz klar herausarbeiten, welches Kellerkind welche Sucht verursacht und natürlich somit auch den Weg zur Überwindung weist.

Sabah wählte nun sieben Spieler aus, die jeweils ein Kellerkind darstellten. Das Flittchen spielte eine junge Therapeutin aus Jamaika, der Fetzer wurde von einem amerikanischen Managementtrainer, etwa fünfzig Jahre alt, gespielt, das Lästermaul wurde von einer lateinamerikanischen Sekretärin mittleren Alters gespielt, der Großkotz von einem amerikanischen Arzt, um die dreißig Jahre alt, der Geizhals von einem amerikanischen Frisör und die Tranfunzel von einer lateinamerikanischen Therapeutin, beide etwa im Alter von vierzig Jahren. Für den Binnix wählte die Teilnehmerin einen Jamaikaner, etwa Mitte dreißig, der in Amerika Managementtrainer war.

Die sieben Kellerkinder stellten sich nun gemäß des Enneagramms auf und die Teilnehmerin stellte nun an ihren Keller die Frage: "Was kann ich tun, um das Rauchen aufzugeben?"

Zuerst blickte Sabah auf ihren Fetzer. Dieser unterstützte ihre Absicht, das Rauchen aufzugeben, denn er wollte beim Jogging eine bessere Kondition haben. Im Gespräch mit Flittchen kam heraus, daß dieses sich benachteiligt fühlte und mehr

Raum brauchte, sie fand rauchen "cool", denn da könnte sie schön erotisch mit ihren Lippen und dem Rauch spielen. Der Großkotz beteuerte, daß er sich großartig fühle beim Rauchen und es auf keinen Fall sein lassen wollte. Der Geizhals rechnete dauernd aus, wieviel Dollar sie an einem Tag verpaffte. Die Tranfunzel mochte den Rauchgeruch nicht, ansonsten war es ihr eher egal. Das Lästermaul rauchte gerne, denn das sei so schön anregend. Sabah kam mit allen eben erwähnten Kellerkindern ins Gespräch. Sie verhielt sich offen und klar. Auffallend allerdings war, daß sie sich die ganze Zeit vor dem Binnix gedrückt hatte. Ich wies sie darauf hin und forderte sie auf, sich mit ihrem Binnix zu konfrontieren. Das tat sie auch und geriet in einen aufregenden Dialog: "Wie fühlst du dich?", fragte sie Binnix und der antwortete ohne zu zögern: "Beschissen (I feel like shit!)!" Binnix erklärte ihr, er fühle sich als Verlierer und wenn er raucht, geht es ihm besser. Beim Rauchen könne er entspannen, sich zurücklehnen und das Problem, daß er sich häufig beschissen fühle, verschwände dann einfach.

5. Phase: Die Lösung erscheint

Es war klar: Binnix war das Problemkellerkind! Im folgenden Gespräch mit ihrem Binnix wurde Sabah bewußt, daß sie raucht, wenn sie ihre Würde verloren gegangen glaubt. Um sich also nicht "beschissen", sondern würdig zu fühlen, rauchte sie.

Bereits beim Aufstellen der Kellerkinder war mir aufgefallen, daß sie als Binnix einen Jamaikaner, also ebenso einen Farbigen, wie sie ja selbst auch farbig war, gewählt hatte. Sie bestätigte nun meine These, daß das Rauchen nicht nur ein persönlicher Konflikt war, sondern ein Rassenkonflikt. Sabah fühlte sich beschissen, sie hatte tiefe Zweifel, litt an Minderwertigkeitsgefühlen und hatte den Glauben an ihre Würde verloren. Das alles erzählte sie unter Tränen. Die Kellerkinder hatte sie vorher schon alle verabschiedet. Es war erschütternd, welches Leid da aus ihr herausbrach.

6. Phase: Die Lösung wird wirklichkeitsnah gespielt

Nun forderte ich sie auf, das wirklichkeitsnahe Spiel noch einmal anzugehen. Diesmal nahm sie allen Mut zusammen und sagte, als ihr Mann nachhause kam: "Bitte, sprich mit mir." Dies kam so ehrlich und pur, daß ihr Mann sie umarmte. Jetzt war Sabah glücklich und hatte keine Zeit mehr, sich eine Zigarette anzuzünden.

7. Phase: Die Anwendung im Leben

Ich empfahl ihr, neben der Körperspracheübung noch die Tanzmeditation "Sieben Kellerkinder®" regelmäßig durchzuführen, um ihre Wachheit für innere Prozesse zu erhöhen.

Drei Wochen später rief sie mich an und erzählte mir, daß sie sich beobachtet habe, daß es wirklich stimmt, daß sie immer dann rauche, wenn sie sich in einer Kommunikationssituation abgelehnt fühlt. Leider müsse sie ab und zu noch rauchen, aber es ist ihr bis jetzt gelungen, ihren Zigarettenkonsum um zwei Drittel zu reduzieren.

Vor kurzem hat sie mich angerufen: Sie ist seit einem halben Jahr Nichtraucherin.

Zweites Kellerkinderspiel: "Angst vor Kritik".

Ort
Galli Theater Toronto, Ontario, Canada
Veranstalter
Galli Publishing and Agency Inc., Canada
Zeit
Oktober 2001
Titel
Körpersprache und Kommunikation
Ein Wochenendworkshop
Zielgruppe
Therapeuten, Geschäftsleute, Berater. Internationale Teilnehmer aus Canada, Jamaika, Somalia, Holland, Indien, Deutschland und den USA. Zwölf Teilnehmer.
Der Workshop fand in englischer Sprache statt.
Leitung
Johannes Galli

Da schon eine Kellerkinderaufstellung stattgefunden hatte und die Tanzmeditation "Die sieben Kellerkinder" getanzt worden war, war die Stimmung dementsprechend heiter und gelöst.

1. Phase: Erfassen des Konfliktes

Eine Innenarchitektin mittleren Alters meldete sich und formulierte ihr Problem: "Ich fürchte mich vor starken Männern, die meine Arbeit kritisieren. Meine Kunden finden, daß ich zu langsam arbeite. Dieser Vorwurf setzt mich fürchterlich unter Druck. Wenn diese Kritik dann auch noch von einem Mann mit lauter, ärgerlicher Stimme vorgetragen wird, fühle ich mich wie ein kleines Kind, verschüchtert und handlungsunfähig."
Als erstes bat ich Sie nun eine solche Situation so realitätsnah wie nur irgendwie möglich zu spielen. Sie selbst schlug eine typische Situation für diesen

Konflikt vor und wählte sich dazu einen männlichen Mitspieler aus. Wie wir sehen werden, hatte Lynn, wie wir die Dame einmal nennen wollen, mit dem etwa vierzigjährigen Unternehmensberater eine gute Wahl getroffen.

2. Phase: Die Spielerauswahl

Folgende Situation wurde gespielt: Ein männlicher Kunde kam zu Lynn und beschwerte sich direkt mit lauter, ärgerlicher Stimme, daß sie bestimmte Dinge anders als abgesprochen durchgeführt hatte. Lynn war von der Stimmigkeit dieser Kritik völlig überrascht, konnte nicht mehr reagieren und fiel in einen tiefen Schmerz. Sie verstummte hilflos, aber das machte den Gesprächspartner nur noch aggressiver. Ich brach das Spiel ab und Lynn gestand, den Tränen nahe, daß es genauso auch im Leben sei und sie nicht mehr wisse, wie sie reagieren solle. Sie fühle sich jetzt und auch in echten Lebenssituationen völlig blokkiert.

3. Phase: Das wirklichkeitsnahe Spiel

Ich schlug ihr vor ihre sieben Kellerkinder zu befragen, wie sie ihren Block überwinden könne.

4. Phase: Das transformierende Spiel

Sie wählte nun ihre sieben Kellerkinder. Das Flittchen spielte eine dreißigjährige Sekretärin, den Fetzer spielte ein junger kanadischer Schauspieler, die Rolle des Lästermauls übernahm eine kanadisch-französische Professorin, Tranfunzel wurde von einer Holländerin gespielt, Geizhals wurde von einem fünfzigjährigen Amerikaner gespielt und der Binnix war ein junger Koch aus Jamaika. Sie stellte nun an ihren Keller die Frage, wie sie denn ihre Angst überwinden könne.

Nachdem Lynn die Frage gestellt hatte, reagierte ihre "weibliche Seite" also Flittchen, Lästermaul und Tranfunzel sehr stark, aber Lynn blickte hilfesuchend auf ihre "männliche Seite". Sie erwartete offensichtlich Hilfe von den männlichen Anteilen in sich. Schon vor dem wirklichkeitsnahen Spiel hatte sie geklagt, daß es für sie besser wäre, wenn sie ein Mann wäre, da könnte sie sich nämlich im Arbeitsleben besser durchsetzen. Mit jedem Kellerkind nahm Lynn nun herzlichen Kontakt auf und gab sich redelustig, aber ausgerechnet beim Flittchen, das sich sehr aufreizend bewegte und um Aufmerksamkeit flehte, drehte Lynn sich immer wieder weg. Als ich sie darauf aufmerksam machte, wurde sie erst rot und dann sagte sie: "Ich halte mich in diesem Bereich völlig zurück. In der Arbeit besteht keine Möglichkeit und mein Mann liebt keine Berührungen." Ich erklärte ihr, daß ihre weibliche Seite gerade als Innenarchitektin sehr wichtig sei. Als Frau habe sie eine enorme Intuition für Räume, in denen sich doch (nicht nur, aber auch: die körperliche) Liebe gestalten will. Dankbar lachte sie, denn sie sagte, im ersten Moment habe sie geglaubt, sie solle sich erotisch präsentieren. Ich erklärte ihr, daß sie die bislang verdrängte Energie des Flittchens nutzen solle, um ihr Werk zu präsentieren. Sie möge sich nun aber ihrem Flittchen zuwenden, denn dies sei ihr Problemkellerkind. Nachdem sie alle anderen Kellerkinder verabschiedet hatte, wandte sie sich ihrem Flittchen zu und Lynn gelang es jetzt zuzuhören und Flittchen's Wünsche nach Berührung, Zartheit und Umarmung ernst zu nehmen. Die beiden umarmten sich und Lynn wirkte danach gelöst.

5. Phase: Die Lösung erscheint

Nun schlug ich Lynn vor die Ausgangssituation, also die Begegnung mit dem unzufriedenen Kunden, noch einmal zu spielen.

6. Phase: Die Lösung wird wirklichkeitsnah gespielt

Tatsächlich gelang es Lynn auf den Angriff des unzufriedenen Kunden sehr milde zu reagieren, indem sie mit ihm freundlich kommunizierte: Sie fragte ihn nach seinem Befinden und fragte weiter, ob er ein schönes Wochenende verbracht habe. Er ging darauf ein und sagte, daß er am Wochenende mit seiner Familie eine kleine Reise unternommen habe, dann wollte er aber wieder schnell zum Geschäftlichen kommen. Sie zeigte ihm stolz ihre Arbeit und ließ sich nicht durch seine zynischen Zwischenfragen beirren. Mit sanfter Stimme erklärte sie ihm, daß die romantische Beleuchtung, die sie vorschlug, seiner Frau doch sicherlich gut gefallen würde. Dies stimmte nun endlich auch den Kunden weich und lachend gestand er ein, daß sein Ärger, der, wenn auch nur gespielt, echt gewesen war, verflogen sei.

7. Phase: Die Anwendung im Leben

Ich gab Lynn den Rat auch im Leben die entsprechend weibliche Energie zu aktivieren, um einen aufgebrachten männlichen Kunden zu besänftigen. Um es noch einmal in der Sprache des Kellerkindermodells zu sagen: In der Rolle des "Flittchens" ist es ihr hervorragend gelungen, den ärgerlichen männlichen Kunden, der ihr gegenüber die Rolle des "Fetzers" aktiviert hatte, zum Rollenwechsel zu bewegen. Außerdem empfahl ich Lynn die Körperspracheübung, die Tanzmeditation "Die sieben Kellerkinder®" und die Kellerkinderübung zur regelmäßigen Übung.

Lynn berichtete mir einige Zeit später, daß sie sowohl im beruflichen als auch im privaten Alltag immer besser mit männlicher Aggression umgehen konnte. Ihre Auftragslage habe sich enorm verbessert.

Drittes Kellerkinderspiel: "Das Zentrum".

Ort
Galli Theater München, Deutschland
Veranstalter
Galli Training München
Zeit
Mai 1999
Titel
Die sieben Kellerkinder
Zielgruppe
Trainer, Therapeuten, Ärzte, Berater, Pädagogen. Es waren fünfunddreißig Teilnehmer anwesend, davon siebzehn Männer im Alter von fünfundzwanzig bis fünfundfünfzig Jahren und achtzehn Frauen im Alter von zweiundzwanzig bis vierundsechzig Jahren.
Leitung
Johannes Galli

Nachdem die Tanzmeditation "Die sieben Kellerkinder" ausführlich getanzt worden war, und eine gelöste und heitere Stimmung entstanden war, schlug ich eine Kellerkinder Aufstellung vor. Ich fragte in die heitere Runde hinein, wer ein Problem habe. Sofort meldete sich ein etwa fünfundvierzigjähriger Therapeut und erklärte sein Problem: "Ich habe nahe der österreichischen Grenze ein Grundstück geerbt mit einem schönen Bauernhof und einer großen ausbaufähigen Scheune. Es war schon immer mein Traum, ein Zentrum zu leiten, in dem Menschen die Möglichkeit finden, durch therapeutische und künstlerische Unterstützung zu sich selbst zu kommen. Nun, da ich kurz vor der Erfüllung meines Traumes stehe, bekomme ich aber Angst und traue mir die Auf-

1. Phase: Erfassen des Konfliktes

gabe, ein Zentrum zu leiten, nicht mehr zu."

Als wirklichkeitsnahes Spiel schlug ich folgendes vor: Drei Ärzte und Therapeuten besuchen ihn, da sie von dem Projekt gehört hatten und interessiert sind: Sie wollen nun die Bedingungen der Zusammenarbeit mit ihm in einem offenen Gespräch klären. Schnell fanden sich eine Therapeutin und zwei Ärzte, die sich für eine Zusammenarbeit in dem Zentrum interessierten. Das Gespräch begann sehr freundlich, aber schon bald war der Konflikt klar: Immer wieder mischte sich Josef in das inhaltliche Konzept der drei Bewerber ein, so daß das Problem sehr schnell offensichtlich war. Josef wollte in seinem Zentrum tun und lassen, was er wollte und suchte keine Mitarbeiter, sondern Untergebene. Gleichzeitig wollte er die notwendige, organisatorische Arbeit großzügig dele- gieren. Nachdem dies offensichtlich war, brach ich das wirklichkeitsnahe Spiel ab und bat nun Josef zu einer Kellerkinder Aufstellung.

2. Phase: Die Spielerauswahl

3. Phase: Das wirklichkeitsnahe Spiel

Ich forderte Josef auf, sich "seinen Keller" zusammen zu stellen. Als Flittchen wählte er eine fünfundzwanzigjährige Kosmetikerin, als Lästermaul eine dreißigjährige Therapeutin, als Tranfunzel eine sehr korpulente Unternehmensberaterin, die so müde war, daß sie sich einen Stuhl mit auf die Bühne nahm. Als Fetzer wählte er sich einen jungen Arzt, als Großkotz einen etwa fünfunddreißigjährigen Kommunikationstrainer und als Geizhals einen fünfzigjährigen Frauenarzt. Als Binnix wählte er eine etwa vierzigjährige Therapeutin, die stark humpelte. Josef begann sofort mit den Damen zu sprechen. Da er dies sehr einfühlsam tat, bekam er von ihnen ein sehr positives und unterstützendes Feedback. Als der Fetzer aufschrie und sagte: "Los wir machens!", da lachte Josef

4. Phase: Das transformierende Spiel

und rieb sich die Hände. Als der Geizhals zu bedenken gab: "Die Kosten, die Kosten!", rechnete ihm Josef schnell vor, daß durch den Verkauf eines kleinen Teils des Landes der Umbau der Scheune in einen Gruppenraum mit Schlafmöglichkeiten schnell finanziert sei. Zur Überraschung aller drehte sich Josef nun zum Binnix. Er hatte also den Großkotz ausgelassen. In einem Gespräch mit dem verzagten Binnix zeigte Josef wiederum seine einfühlsame Art und es gelang ihm, auch den verzagten Binnix zu trösten. Er hatte also zu jedem Kellerkind, wie er glaubte, eine Verbindung hergestellt und blickte mich an mit dem Gesichtsausdruck: Was ist denn nun noch zu tun? Ich habe doch zu allen meinen Kellerkindern eine gute Beziehung?
Ich antwortete ihm nicht, da ich sah, daß sich der Großkotz ihm von hinten näherte und ihm auf die Schultern tippte.
Großkotz sagte: "Was ist eigentlich mit mir, du Schlappschwanz?" Josef wurde knallrot, denn ihm war schlagartig klar, daß er mit seiner einfühlsamen Art beim Großkotz nicht weiterkam. Im folgenden Gespräch, das der Großkotz Josef eher aufdrängte, als daß Josef es führen wollte, hagelte es Vorwürfe.
Großkotz: "Du bist doch eine Memme! Du hast keine Strahlkraft, du bist keine Führungspersönlichkeit, sondern einer, der sich unter Mamas Rock zurückzieht, wenn es Probleme gibt. Nur weil du einen Bauernhof geerbt hast, sollen Ärzte und Patienten scharenweise zu dir strömen und dich als Heiligen und Guru verehren?"
Josef blickte in seinem Keller hilfesuchend herum, aber er konnte keine Hilfe erwarten, von mir ebenfalls nicht. Wohl oder übel mußte er sich mit

seinem Großkotz auseinandersetzen. Es fiel ihm sehr schwer, diese verbalen Attacken anzunehmen, aber er wußte: "Ich muß da durch!"
Dies war der Zeitpunkt, in dem ich vorschlug, daß die anderen sechs Kellerkinder die Bühne verlassen sollten, damit sich Josef ganz ungestört mit seinem Großkotz unterhalten konnte. Dies geschah, und Josef stand dann seinem Großkotz gegenüber. Im folgenden Gespräch wich zwischen beiden der aggressive Unterton. Sehr klar machte ihm der Großkotz, daß sich Josef entscheiden müßte, eine Führungskraft zu sein, die einerseits Ärzte und Therapeuten mit deren verschiedenen Blickwinkeln integrieren kann, und andererseits ein durchschlagkräftiges Marketing für sein Zentrum entwickeln könnte.

5. Phase: Die Lösung erscheint

Josef schluckte.
"Oder aber...", fuhr der Großkotz fort, "... du bleibst einfühlsamer und helfender Therapeut."
Um seiner entscheidenden Frage Durchschlagskraft zu verleihen, ließ der Großkotz Josef auf der Bühne stehen und setzte sich auf seinen Platz.
Josef war noch ganz in der Entscheidungsfrage gebannt, da bat ich die Ärzte und Therapeuten aus dem wirklichkeitsnahen Spiel wieder auf die Bühne. Kaum hatten Josef seine Gäste begrüßt, so sagte er: "Meine Dame und meine Herren, ich danke Ihnen, daß Sie den langen Weg hierher auf sich genommen haben, aber ich muß Ihnen mitteilen, daß ich kein Zentrum eröffnen werde. Ich werde meine Anstellung in einer Klinik, die ich jetzt schon habe, behalten und den Bauernhof an einen Bauern aus dem Dorf, der eine Existenzgründung vor sich hat, verkaufen".

6. Phase: Die Lösung wird wirklichkeitsnah gespielt

Ich empfahl ihm dringend die Tanzmeditation "Die sieben Kellerkinder®" und die Kellerkinder-

7. Phase: Die Anwendung im Leben

übung regelmäßig durchzuführen.
Ein halbes Jahr später erhielt ich einen Brief, in dem sich Josef bei mir bedankte, daß diese Entscheidung genau die richtige gewesen sei und daß er überglücklich sei. Außerdem wolle er unbedingt lernen, selbst Kellerkinderaufstellungen durchzuführen.

Drei Fallbeispiele zum Clownspiel.

Erstes Clownspiel: "Widerstand gegen die Autorität".

Ort
Seminarraum Hotel Fiesta Americana, Mexico City, Mexico
Veranstalter
Galli Publishing and Agency Inc., Mexico
Zeit
Mai 2001
Titel
Lachen als Heilung - Ein Wochenendworkshop
Zielgruppe
Therapeuten, es waren vierzehn Teilnehmer, davon elf weibliche Teilnehmerinnen und drei Männer. Der Workshop fand in Englisch und Spanisch statt.
Leitung
Johannes Galli

Nachdem ich einige grundlegende Gedanken über den Clown formuliert hatte und dann die Clowntanzmeditation durchgeführt hatte, war die Stimmung gelassen und heiter. So schlug ich also ein Spiel zur Konfliktlösung vor.

1. Phase: Erfassen des Konfliktes

Eine Frau um die fünfzig, flotter kurzer Haarschnitt, Angestellte einer amerikanischen Firma, sagte: "Mein Hauptproblem ist, daß wenn ich mit Autoritäten zusammentreffe, ich einen starken Block verspüre und dann den Impuls habe, wegzulaufen. Ich will dann unbedingt aus der Situation fliehen."

Als ich Estella, wie wir die Dame einmal nennen wollen, bat, eine mögliche Autoritätsperson aus dem Kreis auszuwählen, wählte sie eine gleichaltrige Dame, die eher altmodisch gekleidet war und eine starke Brille tragen mußte. Ich schlug folgende Szene vor: Estella bewirbt sich um einen zehntausend Dollar Job.

2. Phase: Die Spielerauswahl

3. Phase: Das wirklichkeitsnahe Spiel

Das Spiel begann und Estella mühte sich, die Autorität wahrzunehmen und anzuerkennen, denn schließlich ging es ja um eine Menge Geld. Estella hatte ihre Wahl gut getroffen, denn die altmodische Dame behandelte sie richtig von oben herab, und Estella wollte am liebsten die Bühne verlassen. Immer wieder mußte ich sie mit dem Ruf "adelante", was soviel bedeutet wie: "Weitermachen!" ermuntern, nicht aus dem Spiel auszusteigen.

Es war offensichtlich, daß das Problem getroffen war. Ich unterbrach das Spiel, bat an diesem Punkt beide innezuhalten, die Clownnasen aufzusetzen und einfach weiterzuspielen, allerdings ohne zu sprechen, sondern nur noch lautmalerisch zu kommunizieren.

4. Phase: Das transformierende Spiel

Nachdem beide ihre Clownnasen aufgezogen und tief durchgeatmet hatten, legte Estella sofort los und griff die ältere Dame körperlich an. Zur Überraschung aller aber war die Dame stärker als Estella und drückte Estella solange an den Schultern auf den Boden, bis Estella aufgab. Natürlich wollte Estella nicht aufgeben, aber sie mußte es. Es war unheimlich komisch, wie die in einem graubraunen Kostüm bekleidete Dame sich auf Estella geworfen hatte, die sich nun mit schnarrenden und ächzenden Tönen wehrte. Beide wälzten sich auf dem Boden und genossen es, kämpfen zu dürfen. Von Anfang an war deutlich: Estella hatte diesen

Kampf verloren. Um ihr das ganz deutlich ins Bewußtsein zu drängen, unterbrach ich das Clownspiel und bat die Dame, die ihr Kostüm und ihre Frisur wieder in Ordnung brachte, Estella einen klaren Befehl zu geben. Das ließ sich die ältere Dame nicht zweimal sagen und sofort zeigte sie, inzwischen wieder ganz im Clownspiel, mit dem Finger streng zu Boden, was bedeutete, daß Estella sich hinknien sollte. Estella hatte keine Wahl und plötzlich ließ sie allen Hochmut und alle Angst, "ihr Gesicht zu verlieren", fahren und kniete sich richtig mit Spaß und Lust auf den Boden. Das war es! Die Clownin Estella hatte begriffen, daß man nicht nur gegen Autoritäten kämpfen muß, sondern daß man ihnen auch ohne große Probleme folgen kann. Ich brach das Spiel ab und forderte die beiden auf, nun ohne Clownnasen die ursprüngliche Szene noch einmal wirklichkeitsnah zu spielen.

5. Phase: Die Lösung erscheint

Estella kam völlig entspannt in den Raum und was sich nun vor unser aller Augen abspielte war wie ein Wunder: Die Beiden sprachen vollständig entspannt, gelöst und sachlich über das, was sie beschäftigte und natürlich erhielt Estella jetzt den Job. Bei Estella bildeten sich Tränen in den Augen: Sie hatte begriffen, daß wenn sie zur Demut findet und auch einmal eine Anordnung annimmt, sie die Möglichkeit hat, in einen vernünftigen Kontakt zu treten, in dem es um die Sache geht und nicht um einen Machtkampf.

6. Phase: Die Lösung wird wirklichkeitsnah gespielt

Meine Empfehlung war die Körperspracheübung, die Atemübung und die Tanzmeditation Clown regelmäßig durchzuführen.

7. Phase: Die Anwendung im Leben

Wochen später schrieb mir Estella, daß sich das Arbeitsklima um sie herum verbessert habe und sie auf ihrer Karriereleiter die nächste Stufe bereits geschafft habe.

Zweites Clownspiel: "Lösung von der Mutter".

Ort
Seminarraum des Galli Theaters Hamburg
Veranstalter
Galli Theater Hamburg
Zeit
Oktober 1999
Titel
Der Clown in uns - Ein Tagesworkshop
Zielgruppe
Es waren sechs männliche und sieben weibliche Teilnehmerinnen im Alter zwischen zwanzig und sechzig Jahren. Manager, Lehrer, Ärzte und Trainer.
Leitung
Johannes Galli

Eine Mitarbeiterin hatte in Hamburg eine Theatergruppe aufgebaut und wollte mit diesem Tagesworkshop ein gegenseitiges Kennenlernen ermöglichen. Die Stimmung war sehr gelöst und heiter, so daß ein dreißigjähriger Manager einer internationalen Modefirma sofort die Gunst der Stunde erkannte und nutzte. Er sagte: "Ich will einmal ganz ehrlich sein. Ich habe es nicht geschafft, mich von meiner Mutter loszulösen. Immer wieder gelingt es ihr, mich zu einem Besuch bei ihr zu überreden und wenn ich dann dort bin, hält sie mich durch ihre geschickten Kommunikationsmanöver endlos lange fest. Mein Vater ist vor zehn Jahren gestorben und ich fühle mich irgendwie dafür verantwortlich, daß meine Mutter jetzt so einsam ist. Ich will da aber raus."

1. Phase: Erfassen des Konfliktes

Als ich ihm dann zur Auswahl stellte, er solle sich aus dem Kreise der Workshopteilnehmerinnen eine

2. Phase: Die Spielerauswahl

"Mutter" aussuchen, zögerte er nicht lange und deutete auf eine etwa sechzigjährige Dame, die schon seit Beginn des Workshops durch einen nörgelnden Unterton aufgefallen war. Schnell war die Bühne aufgebaut, ein kleiner Tisch und rechts und links davon ein Stuhl. Oliver, wie wir den Manager einmal nennen wollen, der zu seiner Mutter zu Besuch kam, hatte keine Chance, diesen Besuch kurz zu gestalten. Immer wieder verführte die Mutter Oliver dazu, noch dazubleiben. Sei es, daß sie noch Kaffee nachschenkte, den Lieblingskuchen gebacken hatte und ein Stück nach dem anderen anbot, oder ihrer Stimme einen traurigen Unterton beimischte. Es gelang Oliver einfach nicht zu gehen. Zwar konnte er über die Tatsache grinsen, wie geschickt die Mutter agierte, aber ihm fehlte die Kraft, seine Entscheidung, früher zu gehen als gewöhnlich, auch durchzusetzen.

3. Phase:
Das wirklichkeitsnahe Spiel

Nun schritt ich zum transformierenden Spiel. Ich überreichte den beiden jeweils eine rote Nase, die sie aufsetzten und bat sie nun, das gleiche Spiel fortzusetzen, diesmal natürlich ohne Worte, sondern mit Klängen, Tönen, Geräuschen und immer mit fließendem Atem.

4. Phase:
Das transformierende Spiel

Die Zuschauer bogen sich vor Lachen. Die Clownmutter jagte den Clown über die Bühne, hielt ihn fest, zog ihn an den Ohren, bedrängte ihn pausenlos und zum Schluß sprang sie ihm sogar auf die Schultern. Oliver schlug sich tapfer. Er gab nicht auf. Ja, es schien sogar, daß er an Kraft zunehmen würde, denn die Tatsache, daß Clowns nicht sprechen, sondern mit ihrem ganzen Körper und also auch mit ihrem ganzen Sein kommunizieren, verschaffte ihm einen Vorteil. Und dann kam der Umschwung. Der Clownmutter waren diese körperlichen Aktionen zu anstrengend geworden und

sie setzte auf ein bewährtes Mittel: Sie weinte laut! Und nun kam es: Der Clown Oliver heulte mit. Er hatte blitzschnell begriffen, daß er gegen die Tränen keine Chance hatte und als Clown war er frei und frech genug mitzuheulen.
Als der Clown die Heulfrequenz der Clownmutter traf, hielt diese irritiert inne. Sie war verdutzt. Und genau diesen Moment nutzte Clown Oliver zur Flucht.
Nun war es an ihm, völlig verdutzt dreinzuschauen. Er nahm sich die rote Nase ab, blickte vom Bühnenrand her zu mir und sagte wie entgeistert: "Ich hab's geschafft."

5. Phase: Die Lösung erscheint

Als sich der Applaus des Publikums gelegt hatte, antwortete ich ihm: "Der Clown hat das Problem jetzt überwunden. Jetzt muß es auch noch ins Leben. Ich bitte also noch einmal, das wirklichkeitsnahe Spiel vom Anfang zu wiederholen." Schnell waren der Tisch und die beiden Stühle, die zum Clownspiel weggeräumt worden waren, wieder an ihren Platz gestellt, und die beiden spielten wieder die anfänglich begonnene Szene: Besuch bei der Mutter.

6. Phase: Die Lösung wird wirklichkeitsnah gespielt

Oliver war nicht mehr wieder zu erkennen. Nachdem er pantomimisch einen Schluck Kaffee getrunken und ein Stück Kuchen gegessen hatte, erhob er sich und teilte seiner Mutter entschlossen mit: "Liebe Mutter, danke für den herrlichen Kuchen und den vorzüglichen Kaffee. Da ich nun einen für mich sehr wichtigen Termin habe, verabschiede ich mich." Er drehte sich um und ging zur Tür. Dies konnte ganz realistisch gespielt werden, da am Bühnenende eine wirkliche Tür war. Es war still im Raum geworden. Jeder spürte, daß Oliver drauf und dran war, sein Ziel zu erreichen, aber er hatte es noch nicht geschafft. Oliver hatte die Tür geöffnet und hielt dann inne, er stand mit dem Rücken zu seiner Mutter, da schluchzte die Mutter. Dieses Schluchzen ging uns allen und auch sicher Oliver durch Mark und Bein. Jeder wußte in diesem Moment, daß das Schluchzen tief aus der Seele der Mutter kam. Oliver stand still, er rührte sich nicht, keiner im Raum wagte zu atmen. Die Spannung wurde unerträglich. Dann atmete Oliver tief durch und ging, ohne sich noch einmal umzudrehen. Er schloß die Tür hinter sich. Nun schluchzte die Mutter und weinte hemmungslos. Oliver erschien wieder und setzte sich still ins Publikum. Nach und nach beruhigte sich die Mutter wieder und wischte sich die Tränen fort. In einer rührenden kleinen Rede bedankte sie sich bei uns allen und vor allem bei Oliver, der es ihr ermöglicht hatte, durch seinen unabwendbaren Beschluß zu gehen, ihren Schmerz anzunehmen und in seiner Tiefe zu erleben. Jetzt erst, so meinte sie, habe sie ihre beiden Söhne im Alter von dreißig und fünfunddreißig Jahren wirklich losgelassen. Oliver bedankte sich mit herzlichen Worten bei der Mutter Spielerin und jeder im Workshop konnte spüren, daß er an Strahlkraft zugenommen hatte.

7. Phase: Die Anwendung im Leben

Ich empfahl Oliver die Körperspracheübung, die Atemübung und die Tanzmeditation Clown regelmäßig anzuwenden.

Wochen später berichtete mir Oliver, daß er mit seiner Mutter jetzt besser klarkomme, aber das sei es nicht, was er mir mitteilen wolle. Drei Tage nach dem Erlebnis im Clownworkshop wurde ihm eine Führungsposition auf internationaler Ebene angeboten. Jetzt müsse er nach Brüssel, also weit weg von seiner Mutter. Er sagte, daß er seinen riesigen Karrieresprung in direkte Verbindung zu dem befreienden Erlebnis im Clownworkshop setzte.

Drittes Clownspiel: "Die Verführung".

Ort
Seminarraum Hotel Fiesta Americana, Mexico City, Mexico
Veranstalter
Galli Publishing and Agency Inc., Mexico
Zeit
Mai 2001
Titel
Lachen als Heilung - Ein Wochenendworkshop
Zielgruppe
Therapeuten, es waren vierzehn Teilnehmer, davon elf weibliche Teilnehmerinnen und drei Männer.
Der Workshop fand in Englisch und Spanisch statt.
Leitung
Johannes Galli

Nach dem Tanzen der Tanzmeditation Clown herrschte ausgesprochen heitere Stimmung in der Gruppe und ich schlug vor, zur Konfliktlösung voran zu schreiten.

Es meldete sich Guadalupe, wie ich die etwa fünfzigjährige Mexikanerin einmal nennen will, mit einem Problem, das mehr Frauen um die Fünfzig haben, als es den Anschein hat. Guadalupe redete nicht lange um den heißen Brei, sondern kam zur Sache: "Ich sehne mich nach einem Mann, nach Berührung, nach Freundschaft, nach Liebe. Als ich jung war, war ich sehr attraktiv, da war ich immer von vielen Männern umschwärmt und nun werde ich nur schwer damit fertig, daß ich so einsam bin."

1. Phase: Erfassen des Konfliktes

Ich schlug ihr als wirklichkeitsnahes Spiel eine Begegnung mit einem Mann auf einer Parkbank vor. Freudig stimmte Guadalupe zu und wählte einen etwa vierzigjährigen Arzt, der mit ihr flirten sollte. Zwei Stühle, die nebeneinander gestellt worden waren, waren die Parkbank und sogleich setzte er sich neben sie und begann mit einem unverfänglichen Gesprächsthema, wie schön das Wetter sei und so weiter. Guadalupe wurde immer jünger und flirtete als etwa Achtzehnjährige, blickte verschämt zur Seite, kicherte scheu bei Zweideutigkeiten und hielt sich die Hand vor den Mund und errötete sogar. Doch bald verlor der Arzt das Interesse, und die Energie zwischen den beiden sackte ab. Ich brach dieses Spiel ab und fragte den Arzt, warum er plötzlich das Interesse verloren hatte. Ohne zu zögern, antwortete er mir direkt: "Eine fünfzigjährige Frau, die sich benimmt wie eine Achtzehnjährige, ist für mich ohne jeden Reiz." Ich bemerkte, daß diese Bemerkung Guadalupe schwer getroffen hatte.

2. Phase: Die Spielerauswahl

3. Phase: Das wirklichkeitsnahe Spiel

Nun überreichte ich den beiden die Clownnase, die Bühne wurde freigeräumt und was jetzt kam, war eines der aufregendsten Clownspiele, die ich je erlebt habe. Die Clownin Guadalupe spielte wie entfesselt. Sie lockte mit verwegenen Positionen und brachte sogar Geräuschimitationen eines heftigen Liebesaktes. Der Clown indessen blieb desinteressiert, doch die Clownin hatte Feuer gefangen. Nun kam ihr eine furiose Idee. Sie zeigte mit spitzem Finger auf das Geschlecht des Clowns und streckte dann ihren kleinen Finger in die Höhe, was so viel bedeutete, als daß der Clown nur ein Geschlecht von bescheidenem Ausmaß habe. Dann verwies sie auf sich, vollführte einige heftige Zuckungen, zeigte wieder auf sein Geschlecht und formte dann in die Luft die Größe einer riesigen Gurke. Jede und jeder im Raum verstand

4. Phase: Das transformierende Spiel

5. Phase: Die Lösung erscheint

Guadalupes verheißungsvolles Versprechen. Wenn der Clown mit der reifen Clownin zusammen käme, würde aus seiner bescheidenen Männlichkeit eine mächtige werden. Dieses Angebot machte den Clown wild. Jetzt war er bereit, alle Wünsche, die die Clownin hatte, zu erfüllen.

Es gelang mir eine ganze Weile nicht, das Spiel abzubrechen, denn meine Signale wurden nicht wahrgenommen. Der ganze Raum brüllte vor Gelächter. Selten habe ich Menschen so lachen sehen. Als es mir dann doch gelang, das Clownspiel zu Ende zu führen, bat ich die beiden noch einmal, die wirklichkeitsnahe Szene auf der Parkbank zu wiederholen. Da glühten Guadalupes Augen. Kaum hatten sie sich gesetzt, da übernahm Guadalupe die Führung des Flirts. Alles ging blitzschnell. Die spanischen Worte flogen hin und her. Ich verstand kein Wort. Guadalupe erschien nun wie eine Frau, die über eine große Erfahrung und zahlreiche Geheimnisse in Liebesdingen verfügte. Der Arzt erschien wie ein Mann, der diese Geheimnisse unbedingt kennenlernen wollte.

6. Phase: Die Lösung wird wirklichkeitsnah gespielt

Guadalupe war völlig verwandelt. Ihre Erotik hatte sich ihrem Alter angeglichen und mit einem Mal wirkte sie kraftvoll, erfahren und schön.

7. Phase: Die Anwendung im Leben

Ich empfahl ihr die Körperspracheübung, die Atemübung und die Tanzmeditation Clown regelmäßig durchzuführen.

Nach drei Monaten erreichte mich ein Schreiben, in dem mir Guadalupe mitteilte, daß sich ihr Leben geändert habe. Von Vereinsamung sei jetzt keine Rede mehr. Sie bedankte sich herzlich für das Clownspiel, in dem sie persönlich einen Durchbruch erlebt habe.

Eine Auswahl
aus dem
Angebot des
Galli Verlags

Johannes Galli

Die Buchreihe Galli Script

Die Essenz der Galli Methode®

Die wichtigsten Kapitel aus Johannes Gallis Gesamtwerk GAME - Die Galli Methode® werden in der Buchreihe Galli Script veröffentlicht. Dies sind Lehrbücher, die neben spannenden Texten Übungsabschnitte enthalten, um das Gelesene zu vertiefen, erfahrbar zu machen und es somit im täglichen Berufs- und Privatleben anwenden zu können. Wer sich intensiv mit Texten und Übungen beschäftigt, der wird schon bald folgende Fortschritte bemerken:

- **Steigerung der Beobachtungs- und Wahrnehmungsfähigkeit**
- **Erhöhung der körperlichen und geistigen Dynamik**
- **Verbesserung der Kommunikationsfähigkeit**
- **Erhöhung von Präsenz und Präsentationskraft**
- **Steigerung der zwischenmenschlichen Beziehungsfähigkeit**
- **Erhöhung der Konzentrations-, Organisations- und Visionsfähigkeit**
- **Steigerung der Lebensfreude**

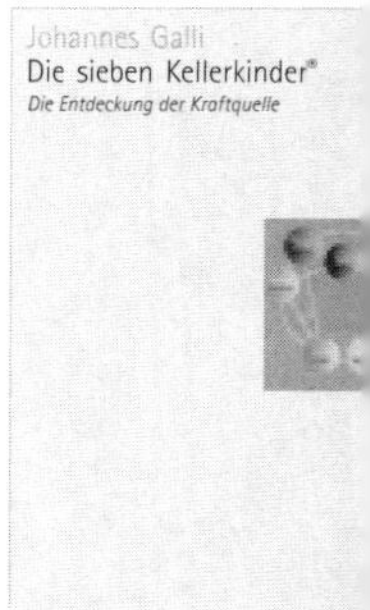

Die Buchtitel sind:

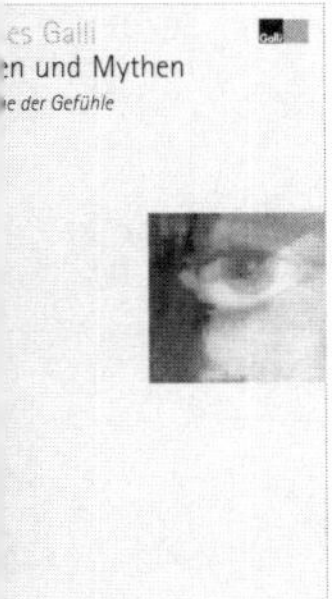

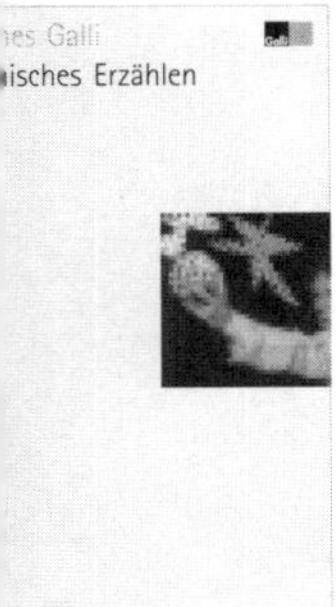

Die Galli Methode® als Konfliktlösung
1. Auflage 2002, 144 Seiten, ISBN 3-934861-50-4

Körpersprache und Kommunikation
3. Auflage 2002, 96 Seiten, ISBN 3-926032-33-9

Interkulturelle Kommunikation und Körpersprache
1. Auflage 2001, 96 Seiten, ISBN 3- 934861-31-8

Der Clown als Heiler
1. Auflage 1999, 80 Seiten, ISBN 3-926032-65-0

Die sieben Kellerkinder®
Die Entdeckung der Kraftquelle
1. Auflage 1999, 104 Seiten, ISBN 3-926032-80-4

Märchen und Mythen
Die Sprache der Gefühle
1. Auflage 2002, 184 Seiten, ISBN 3-934861-55-5

Dynamisches Erzählen
1. Auflage 1999, 72 Seiten, ISBN 3-926032-50-2

Kommunikationstheater
1. Auflage 2000, 144 Seiten, ISBN 3-926032-92-8

Tanzmeditationen Band I:
Bewegung • Schmetterling • Eigener Tanz
1. Auflage 2000, ISBN 3-926032-55-3

Tanzmeditationen Band II:
Mythos Mensch • Tiere
1. Auflage 2000, ISBN 3-926032-12-x

Tanzmeditationen Band III:
Sieben Kellerkinder® • Clown
1. Auflage 2000, ISBN 3-926032-91-x

GAME
DIE GALLI METHODE

Johannes Galli

GAME - Die Galli Methode®

Galli, Johannes
GAME - Die Galli Methode®
Grundwerk im Abonnement
(Das Grundwerk umfaßt momentan 6 Ordner mit ca. 2.000 Seiten; Stand Sept. 02. Das Abonnement ist jederzeit kündbar.)
ISBN 3-926032-43-x
Vierteljährliche Ergänzungslieferungen mit je 60 Seiten.

Da die Galli Methode ständig weiterentwickelt wird, vertreiben wir das Loseblattwerk im Abonnement, d.h. das Grundwerk wird alle drei Monate mit Ergänzungslieferungen (60 Seiten) fortgesetzt.

In GAME beschreibt Johannes Galli Entwicklung, Grundlagen, Inhalte und Anwendung der Galli Methode. Spannende Aufsätze, Übungsblätter und Anwendungsbeispiele helfen, kommunikative und kreative Fähigkeiten zu verbessern und geben konkrete Tips für den privaten und beruflichen Alltag. Viele Prozesse in der Kommunikation und der eigenen Gefühlswelt werden plötzlich mit neuen Augen gesehen und erweitern den Blickwinkel. Kreativität, Spiel- und Experimentierfreude werden durch das Lesen und die Anwendung von GAME angeregt und sind gleichzeitig ein Garant für Erfolg im beruflichen und privaten Alltag. Eine wesentliche Zielsetzung ist es, die Fähigkeit des Menschen, sich selbst zu spielen und in verschiedene Rollen zu schlüpfen, zu fördern. Dadurch werden persönliche Rollenrepertoires erweitert und das Selbstbewußtsein gestärkt. Mit der Galli Methode lassen sich Konflikte auf jeder Ebene des menschlichen Seins erfassen, deuten und spielerische Lösungen entwickeln.

Die Galli Methode ist somit mehr als eine didaktische Methode - sie ist ein Weg, der in verschiedenen Lebensbereichen zum Erfolg führt:

- in Kreativ- und Theaterkursen
- im Kommunikationstraining
- in der Organisations- und Unternehmensberatung
- als Grundlage einer neuen Pädagogik
- in Kunst und Kultur
- als Heilmethode
- zur Förderung interkultureller Kommunikation

Johannes Galli

Clown - Die Lust am Scheitern

„Das vorliegende Buch zeigt meine eigene Konfrontation mit dem Clown und möchte die Leserin und den Leser auffordern, das Gleiche zu wagen. Dieses Buch hilft dabei, den eigenen Weg zum inneren Clown, der in jedem Menschen schlummert, zu entdecken und zu gehen. Einmal am Tag oder einmal in der Woche oder einmal im Monat ist es ratsam, eine beliebige Seite aufzuschlagen und, rein betrachtend, den Sinnspruch auf sich wirken zu lassen. Die Leserin oder der Leser sollte Worte und Bilder einfach eindringen lassen. Der Clown stößt jedem eine Tür auf und zeigt einen Weg.“ *(Johannes Galli im Vorwort)*

In prägnanten Sinnsprüchen beschreibt Johannes Galli das Wesen des Clowns, der in frühen Kulturen einen wichtigen Stellenwert innerhalb der Gesellschaft innehatte

Galli, Johannes
Clown – Die Lust am Scheitern
165 Seiten, 96 Photos s/w
22,5 x 26 cm
ISBN 3-926032-02-2
2. Auflage 1999

Johannes Galli

Buchserie: Aus dem Leben eines Clowns

Erste Serie

Frühe Fehlversuche

„In dieser in mehreren Serien erscheinenden Geschichtensammlung geht es nicht darum, Gedanken über den Clown schlechthin zu veröffentlichen, sondern ich möchte anhand verschiedener Situationen, in die das Leben mich steckte, meine eigene Entwicklung zum Clown unter wechselnden Blickwinkeln beleuchten." *(Johannes Galli im Vorwort)*

Galli, Johannes: Erste Serie - Frühe Fehlversuche, 192 Seiten
1. Auflage 1999, ISBN 3-926032-66-9

Zweite Serie

Steile Sturzflüge

„Einzutauchen in schmerzliche Erfahrungen meiner Kindheit, um sie neu zu erfahren, war für mich wie das Eintauchen in einen Jungbrunnen. Sehr spannend gestaltete sich für mich das Experiment, alte Gefühle mit neuen Wörtern zu erfassen."
(Johannes Galli im Vorwort)

Galli, Johannes: Zweite Serie - Steile Sturzflüge, 200 Seiten
1. Auflage 2001, ISBN 3-934861-37-7

Dritte Serie

Lüsternes Lauern

„Dieses Buch ist ganz der heimlichen und dadurch intensiven Annäherung an das andere Geschlecht gewidmet. Der Mythos Weib beschäftigte mich von Kindesbeinen an und verfolgte mich in stiller Konsequenz bis heute. Mein Ringen, alles Weibliche zu verstehen, um es respektieren zu können, ist Leitlinie meines Lebens geworden."
(Johannes Galli im Vorwort)

Galli, Johannes: Dritte Serie - Lüsternes Lauern, 192 Seiten
1. Auflage 2002, ISBN 3-934861-38-5

Johannes Galli

Sieben Kellerkinder® Tarot

Das „Sieben Kellerkinder® Tarot“ von Johannes Galli ermöglicht es in drei verschiedenen Spielen, die in der beiliegenden Spielanleitung beschrieben sind, seinen eigenen Kellerkindern auf die Spur zu kommen. Somit können zum einen Fragen aus allen Bereichen des Lebens kreativ bearbeitet werden. Zum anderen dient das Sieben Kellerkinder Tarot auch als Gesellschaftsspiel, das ein unvergeßliches Ereignis wird.

Die sieben Kellerkinder als Tarotkarten

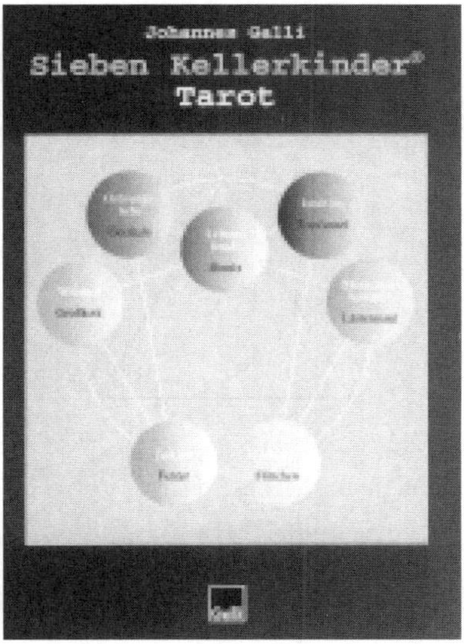

Galli, Johannes
Sieben Kellerkinder® Tarot
1. Auflage 2000
ISBN 3-934861-32-6

Johannes Galli/Michael Summ

CD Reihe
Sieben Tanzmeditationen

Die Reihe 'Tanzmeditationen' wurde von Johannes Galli entwickelt und gemeinsam mit dem Musiker Michael Summ komponiert. Die Musikstücke regen an, das jeweilige Thema in phantasievollen Bewegungen spielerisch und tänzerisch auszudrükken und so die eigene Kreativität und Rollenvielfalt zu erhöhen.
Als Übungsbücher zu den Tanzmeditationen erschienen in der Reihe Galli Script drei Bände, die eine effektive Anwendung der Tanzmeditationen ermöglichen (siehe Seite 135).

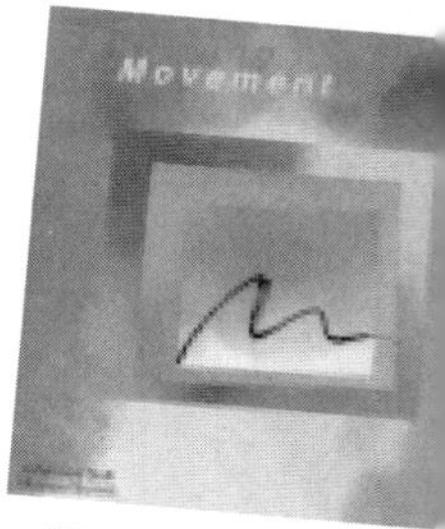

Bewegung

Erproben Sie neue Bewegungsformen und Ihr Körper wird beweglich.
Gesamtspielzeit 50:59 Min
ISBN 3-926032-87-1

Schmetterling

Wer die Entwicklungsstadien eines Schmetterlings durchtanzt, lernt die eigenen Kräfte des Wachstums kennen.
Gesamtspielzeit 41:23 Min
ISBN 3-926032-89-8

Tiere

Sich spielerisch in Tiere zu verwandeln ist eine wunderbare Möglichkeit, seine Lebensfreude zu entwickeln.
Gesamtspielzeit 48:15 Min
ISBN 3-926032-86-3

Mythos Mensch

Stadien der Menschheitsgeschichte werden getanzt, bewegen innere Bilder und führen zu eigener Klarheit.
Gesamtspielzeit 62:03 Min
ISBN 3-926032-84-7

Eigener Tanz

Sich freitanzen von inneren Blockaden löst alte Bewegungsmuster auf und eröffnet Neues.
Gesamtspielzeit 48:17 Min
ISBN 3-926032-90-1

Die sieben Kellerkinder®

Schreiten Sie tanzend durch Ihre Schattenseiten und erfahren Sie so Ihr verborgenes, kreatives Potential.
Gesamtspielzeit 42:33 Min
ISBN 3-926032-77-4

Clown

Das Clownspiel verleiht dem Leben den Hauch heiterer Gelassenheit. Lassen Sie sich inspirieren!
Gesamtspielzeit 50:59 Min
ISBN 3-926032-85-5

Johannes Galli/Michael Summ

CD Lebendige Märchen mit Musik

Johannes Galli erzählt die beliebten Märchen Dornröschen, Rotkäppchen, Rumpelstilzchen und Froschkönig mit großer Lebendigkeit. Er schlüpft dabei in jede Rolle hinein, belebt diese mit charakteristischen Stimmelementen und kreiert die jeweilige Märchenstimmung. Der Musiker Michael Summ läßt sich von dieser Erzähldynamik inspirieren, begleitet diese mit seiner Musik und schafft eine stimmungsvolle und spannende Untermalung. Diese harmonische Verbindung bringt ein Gesamtkunstwerk hervor, das nicht nur den jungen Hörer in jene zauberhafte Welt entführt, die Urbilder der menschlichen Seele verborgen hält.

Märchen eröffnen eine seelenvolle Sicht der Welt!

Weiteres zum Thema Märchen:

CD Märchenlied

Original Soundtr aus den Märchen theateraufführung von Johannes Ga

auch als MC erhältlich

Galli/Summ
Lebendige Märchen
mit Musik
Gesamtspielzeit 63:40 M

ISBN 3-926032-38-3

Johannes Galli/Michael Summ

CD Weltengaukler Trance

Musik zum Träumen und Phantasieren, eine Reise in die innere Bilderwelt

Diese von Johannes Galli komponierte Musik hilft, tiefe Entspannung zu finden. Die CD „Weltengaukler Trance“ wird weltweit von Therapeuten und Ärzten eingesetzt, um Menschen zu inneren Bildern zu führen, die sie entspannt und gestärkt in den Alltag zurückkehren lassen.

Weitere CDs der Reihe Weltengaukler:

Vol. 1
Weltengaukler
Traum

Vol. 2
Weltengaukler
Tanz

J. Galli/M. Summ
Weltengaukler Trance
Gesamtspielzeit 64:45 Min
ISBN 3-926032-69-3

Information

Gerne schicken wir Ihnen das
vollständige Verlagsprogramm zu.

Besuchen Sie uns auch im
Internet unter:

www.galli.de oder
www.galli-group.com

Galli

Galli Verlag
Kreuzstr. 2
65346 Eltville
Tel 06123/703270
Fax 06123/703271
eMail verlag@galli.de
www.galli.de
www.galli-group.com